Paris
1901

# Delafosse, Maurice

## Sur les traces probables de civilisation égyptienne et d'hommes de race blanche à la Côte d'Ivoire

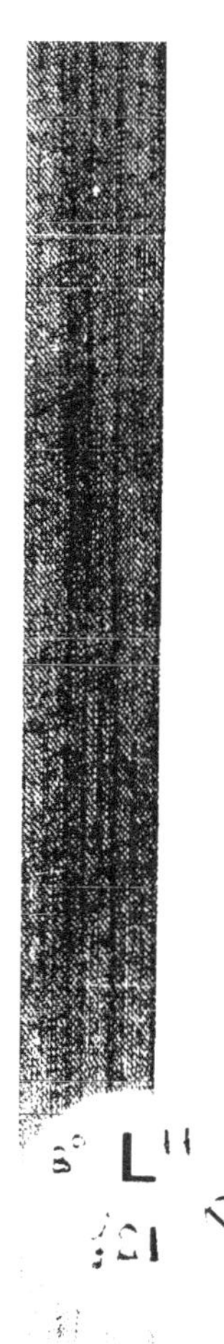

MAURICE DELAFOSSE

Administrateur-adjoint des Colonies.

# SUR DES TRACES PROBABLES

DE

# CIVILISATION ÉGYPTIENNE

ET

# D'HOMMES DE RACE BLANCHE

# A LA COTE D'IVOIRE

(Extrait de *L'Anthropologie*, Juillet-Décembre 1900.)

PARIS

MASSON ET Cⁱᵉ, ÉDITEURS

120, BOULEVARD SAINT-GERMAIN

1901

# SUR DES TRACES PROBABLES DE CIVILISATION ÉGYPTIENNE

## ET D'HOMMES DE RACE BLANCHE

### A LA COTE D'IVOIRE

PAR

**MAURICE DELAFOSSE**

Administrateur-adjoint des colonies.

M. Félix Dubois, dans son remarquable ouvrage intitulé *Tombouctou la Mystérieuse* (1), a démontré, d'une façon aussi intéressante que judicieuse, que la civilisation songhaï, telle qu'on la retrouve à Dienné et à Tombouctou, est d'origine égyptienne. Peut-être seulement est-il allé trop loin en semblant attribuer à la race songhaï, qui est incontestablement nègre, la même origine qu'à sa civilisation, et en particularisant aux seuls Songhaï ce qui est commun à beaucoup d'autres peuples nègres de l'Afrique occidentale, sans doute même à la majorité. Mais, cette réserve faite, il reste du livre de M. Félix Dubois un fait bien établi : c'est que la civilisation de l'ancienne Égypte a pénétré très avant dans le sud-ouest et qu'aujourd'hui encore on en trouve des traces indéniables le long et dans la boucle du Niger.

Je voudrais présenter ici quelques observations tendant à prouver, à mon avis du moins, que cette civilisation a pénétré plus loin encore, jusqu'à la côte du golfe de Guinée ou peu s'en faut.

Je bornerai cette étude au champ d'expériences qu'il m'a été donné d'étudier de près et qui comprend le cercle du Baoulé ou, d'une façon plus générale, la région comprise entre le fleuve Bandama et son affluent le Nzi, au sud du 8° degré de latitude nord (Côte d'Ivoire).

Les habitants actuels de cette région, auxquels on donne le même

_______

(1) FÉLIX DUBOIS, *Tombouctou la Mystérieuse*, Paris, 1897, in-8. (Voir principalement, les chapitres VI, VII, VIII.)

nom qu'à leur pays : *Baoulé*, sont des *Agni*, c'est-à-dire un produit
relativement récent de la famille *akan* ou *achanti* avec des autochtones de races diverses (Gouro, Sénoufo, Ari ou Abigui, etc.).

Il semble bien que les traces de civilisation égyptienne que j'ai
relevées chez les Baoulé existaient en partie chez les Achanti
envahisseurs qui, il y a un siècle et demi, ont conquis le pays, et
existaient aussi en partie chez les anciens autochtones. La civilisation des Baoulé, au moins au double point de vue religieux et
social, est un mélange de coutumes achanti et de traditions gouro :
or ces coutumes et ces traditions portent également l'empreinte des
prêtres et des législateurs de Thèbes et de Memphis. Il est donc
probable que l'influence égyptienne ne s'est pas manifestée plus
spécialement chez les Baoulé que chez les peuplades nègres voisines, et, si j'étudie ses traces seulement chez les Baoulé, c'est que
là j'ai pu les constater *de visu*, tandis qu'ailleurs je ne les connais
que par ouï-dire. Ceci n'est donc qu'une contribution locale à
l'étude de l'influence de l'ancienne Égypte sur la civilisation des
peuples nègres de l'Afrique occidentale.

Je prie que l'on remarque bien qu'en disant qu'on trouve chez
les Agni du Baoulé des traces de civilisation égyptienne, je n'en-
tends en aucune façon faire un rapprochement de race entre les
Agni, qui sont des nègres purs, et les anciens Égyptiens, qui etaient
des blancs du rameau hamitique mélangés d'éléments sémitiques
et, par suite du grand nombre d'esclaves noires, altérés par des
éléments nigritiques. Je ne prétends pas davantage que les Agni ni
leurs ancêtres les Achanti soient venus de l'Égypte ni de pays voisins de l'Égypte : il semble prouvé que leur race est originaire du
Gondja (région de Salaga, sur la haute Volta). Je ne veux pas dire
non plus qu'il y ait eu des migrations égyptiennes dans le Baoulé,
bien que nous aurons à considérer cette hypothèse.

Ce que je voudrais uniquement chercher à prouver, c'est que la
civilisation de l'Égypte ancienne, transmise sans doute de proche
en proche par les courants commerciaux et les migrations diverses
qui se sont accomplies en Afrique depuis des siècles du nord est au
sud-ouest, défigurée d'ailleurs d'une façon plus ou moins notable
au cours de ces transmissions, semble avoir influé sur la civilsation
de la plupart des nègres de l'Afrique occidentale, et notamment
sur celle de la tribu des Baoulé, que j'ai été plus à même d'étudier.

Nous allons examiner successivement les industries, les arts, les
coutumes, les connaissances scientifiques, la religion et les rites
funéraires du Baoulé en les comparant aux industries, arts, etc., de

l'ancienne Égypte. Ensuite nous parlerons des fouilles de Guiangomênou et des sépultures antiques qu'on y trouve, et nous nous demanderons qui furent les hommes enterrés dans ces sépultures.

## § 1. — INDUSTRIES

**Habitations.** — Les Baoulé n'ont pas de monuments et leurs habitations sont le produit d'une industrie plutôt que d'un art. N'ayant pas beaucoup de matériaux à leur disposition et surtout manquant totalement de chaux et de pierre calcaire, ils en sont nécessairement réduits à un mode de construction primitif.

Des pieux fourchus sont plantés en terre et sur les fourches on dispose des poutres qui reçoivent la toiture. Cette toiture, suivant les régions, est faite d'herbes sèches, de larges feuilles rondes ou de feuilles de palmier. Les murs sont constitués par un clayonnage de nervures de palmier ou de petites branches recouvert extérieurement et intérieurement d'un enduit d'argile grise délayée dans l'eau et pétrie avec les pieds, argile qui, en séchant, devient d'une dureté et d'une étanchéité extrêmes. Le sol est fait de la même argile, battue et damée à l'aide de sortes de massues plates. En général, on recouvre l'argile grise du sol d'une argile rouge que l'on polit et vernit et qui présente l'aspect d'un laquage. La base des murs, les exhaussements formant le seuil des chambres ou destinés à recevoir les couchettes sont le plus souvent ornés de moulures régulières exécutées avec la même argile rouge, polie et vernie. Quant aux murs, on les peint soit en blanc avec une terre riche en talc et en mica, soit en bandes verticales alternativement noires, blanches et rouges.

Les cases sont presque toujours notablement surélevées pour les préserver de l'humidité. De plus, lorsqu'une case vient à être détruite par un incendie ou par la vétusté et qu'on en reconstruit une nouvelle sur le même emplacement, on n'enlève pas les débris de la construction primitive, mais, après les avoir concassés et damés, on élève la nouvelle habitation sur cette sorte de socle, qui arrive ainsi à avoir une hauteur considérable au-dessus du sol environnant.

Si nous considérons le mode de construction employé par les Égyptiens des classes pauvres, nous remarquerons qu'il est tout à fait analogue. L'architecture égyptienne en effet ne consiste pas qu'en palais et en tombeaux, et si l'on se bornait à étudier le palais de Ramsès, le temple de Karnak et les pyramides, on aurait de

l'habitation égyptienne une idée aussi fausse et aussi incomplète
que si l'on voulait étudier l'habitation française d'après le Louvre,
Notre-Dame et le Panthéon.

Voici comment M. Maspero décrit la construction d'une maison
égyptienne : « On entoure un espace rectangulaire, de 2 ou 3 mètres de large sur 4 ou 5 de long, d'un clayonnage en nervures de
palmier, qu'on enduit intérieurement et extérieurement d'une couche de limon; comme ce pisé se crevasse en perdant son eau, on
bouche les fissures et on étend des couches nouvelles, jusqu'à ce
que l'ensemble ait de 10 à 30 centimètres d'épaisseur, puis on étend
au-dessus de la chambre d'autres nervures de palmier mêlées de
paille, et on recouvre le tout d'un lit mince de terre battue... Aucune fenêtre, aucune lucarne... (1). »

C'est là, exactement décrit, le mode de construction des Baoulé,
sauf que ces derniers remplacent la toiture de terre par une toiture
de paille; la raison de cette différence est facile à saisir : en Égypte
où les pluies sont rares, on peut avoir des terrasses, mais les pluies
tropicales nécessitent l'emploi d'une toiture à forte pente et indé-
layable.

Toutes les maisons égyptiennes, il est vrai, n'étaient pas en pisé;
beaucoup étaient faites de briques plus ou moins séchées au soleil.
Les Baoulé n'emploient jamais de briques proprement dites, mais
ils bâtissent souvent avec des boules de terre, ou, si l'on veut des
briques ellipsoïdales, formant une masse solide et homogène, mais
encore humides. Ces sortes de briques étaient fort employées aussi
en Égypte et le mode de préparation était identique à celui usité
au Baoulé : « Un premier manœuvre piochait vigoureusement à
l'endroit où l'on voulait bâtir; d'autres emportaient les mottes et
les accumulaient en tas, tandis que d'autres *les pétrissaient avec
les pieds* et les réduisaient en masse homogène (2). » La brique
cuite n'a guère été employée en Égypte qu'à partir de l'époque romaine.

Je cite encore M. Maspero : « Quand la maison à bâtir devait
s'élever sur l'emplacement d'une maison antérieure, écroulée de
vétusté ou détruite par un accident quelconque, on ne prenait pas
la peine d'abattre les murs jusqu'au ras de terre. On égalisait la
surface des décombres et on construisait à quelques pieds plus
haut que précédemment : aussi chaque ville est-elle assise sur une

(1) MASPERO, *L'archéologie égyptienne*, Paris, 1887, in-8.
(2) MASPERO, *op. cit.*

ou plusieurs buttes artificielles, dont les sommets dominent parfois de 20 ou 30 mètres la campagne environnante. » Ce dernier phénomène est constant dans tous les villages un peu anciens du Baoulé, sauf que la différence de hauteur est bien moins considérable, les plus anciens villages ne remontant pas généralement à plus de deux siècles.

Encore une citation de M. Maspero qui pourrait s'appliquer intégralement à toutes les cases du Baoulé : « Les pièces étaient oblongues et ne recevaient de lumière et d'air que par la porte : lorsqu'on se décidait à percer des fenêtres sur la rue, c'étaient des soupiraux placés presque à la hauteur du plafond, sans régularité ni symétrie, garnis d'une sorte de grille en bois à barreaux espacés... Les planchers étaient briquetés ou dallés, plus souvent formés d'une couche de terre battue. Les murs étaient blanchis à la chaux (1), quelquefois peints de couleurs vives. »

**Tissage et vêtements.** — Je n'insisterai pas sur l'industrie du tissage, celle-ci étant à peu près identique chez tous les peuples. Cependant les dessins des tissus du Baoulé, rayures, carreaux, couleurs fondues, et la façon de porter les pagnes, rappellent d'une manière si frappante les dessins des pagnes égyptiens et le mode d'habillement des classes moyennes de l'ancienne Égypte, que je crois utile de les mentionner.

Le vêtement des hommes était en Égypte ce qu'il est aujourd'hui au Baoulé : un pagne enveloppant les reins et tombant jusqu'aux genoux, quelquefois une sorte de grand manteau ou de toge enveloppant tout le corps mais laissant libre l'un des bras; de même celui des femmes, une sorte de fourreau d'étoffe ou de pagne étroitement serré autour du corps et s'arrêtant au dessous des seins.

Les Égyptiens, outre l'indigo, connaissaient plusieurs plantes tinctoriales inconnues des Baoulé, mais le mode de teinture était le même, et, comme au Baoulé, on teignait soit le fil, soit l'étoffe une fois tissée. Pline, dans son *Histoire naturelle*, rapporte un procédé de teinture en usage chez les Égyptiens qui lui paraissait fort singulier et qui consistait, selon lui, à enduire l'étoffe de plusieurs substances propres à absorber la couleur : on plongeait l'étoffe ainsi préparée dans la chaudière de teinture, et, bien que la chaudière ne contînt qu'une seule matière colorante, l'étoffe en sortait teinte de couleurs différentes. Il est presque certain que ce procédé,

---

(1) Dans le Baoulé on remplace la chaux absente par la terre dont j'ai parlé plus haut et qui est aussi blanche que de la chaux.

inexactement décrit par Pline, n'est autre que celui usité au Baoulé
et qui consiste en réalité, non pas à enduire l'étoffe de substances
quelconques, mais à la lier en divers endroits avec des cordes ou
des lianes : la matière colorante pénètre plus ou moins le tissu suivant qu'il est moins ou plus étroitement lié, et ne le pénètre même
pas dans les parties comprimées à l'intérieur de la masse qu'enserre
le lien; on obtient ainsi des dessins de couleurs fondues et des
nuances très diverses qui sont souvent du plus joli effet et qui
étonnent beaucoup celui qui ignore le mode exact de procéder.

**Meubles.** — Les Baoulé sont très pauvres en meubles, comme
l'étaient les Égyptiens : ces derniers, en effet, ne prodiguaient le
mobilier qu'à leurs morts. Cependant les sièges étaient d'un usage
général en Égypte, comme ils le sont au Baoulé et, comme dans
ce dernier pays, ils étaient en général fort bas. Les deux formes
les plus répandues étaient la petite chaise à quatre pieds et à dos-
sier, et le tabouret rectangulaire évidé en forme de bateau et n'ayant
qu'un pied : ces deux formes se retrouvent partout dans le Baoulé,
la première surtout est très commune chez les Ouarèbo du haut
Baoulé.

**Poterie.** — Les poteries sont choses fragiles et peu de vases égyptiens sont parvenus jusqu'à nous. Cependant quelques échantillons
retrouvés à peu près intacts et surtout les peintures et descriptions
des papyrus permettent de se faire une idée exacte de ce qu'était la
poterie égyptienne et de son mode de fabrication. « La terre était
prise sans choix, mal lavée, mal pétrie, puis façonnée au doigt,
sur un tour en bois des plus primitifs, qu'on manœuvrait avec la
main. La cuisson était fort inégale. Certaines pièces ont été à peine
exposées à la flamme et fondent au contact de l'eau; d'autres ont
la dureté de la tuile (1). » Les poteries memphites étaient tout à fait
primitives; les vases thébains sont plus soignés, tantôt noirs, tantôt rouges, la plupart du temps lisses et glacés, ornés de traits à la
pointe, de lignes droites parallèles ou entre-croisées, de lignes
ondées, de figures d'hommes ou d'animaux s'intercalant au milieu
de combinaisons géométriques. La partie inférieure et la partie
supérieure du vase ont été faites séparément et ensuite soudées
ensemble.

Le procédé de fabrication employé au Baoulé est exactement le
même, quoique les poteries baoulé soient en général plus soignées
que les poteries égyptiennes : le dessin en est souvent fort gracieux

(1) Maspero, *op. cit.*

et les détails d'ornementation en relief sont très curieux. Toutes
les poteries baoulé sont teintes en noir, polies et glacées. Les
cruches sont faites en
général de deux parties
soudées.

Les types des vases
baoulé sont les mêmes que
ceux des vases égyptiens
trouvés dans les fouilles
et surtout dans les tom-
beaux : jarres avec ou
sans col, gargoulettes,
marmites, assiettes, cru-
ches pansues et sans pied,
petites urnes et petits pots
à anse servant, comme en
Égypte, à renfermer des
parfums ou des pommades
(fig. 1) (1).

Fig. 1. — Petit pot à pommade trouvé à Singrobo
(bas Baoulé).

**Outils.** — Les outils des Égyptiens étaient certainement en plus
grand nombre et plus perfectionnés que les outils des Baoulé.
Cependant les instruments usuels servant à la construction et à la
culture sont les mêmes et se présentent sous la même forme primitive : dans l'ancienne Égypte comme dans le Baoulé actuel, c'est
la hache au fer massif et étroit, l'herminette, le foret servant à
creuser des trous pour recevoir les pieux, et la houe à manche
court. Il est intéressant à ce sujet de comparer les collections égyptiennes du Musée du Louvre avec la collection d'outils indigènes
qui se trouve au Pavillon de la Côte d'Ivoire à l'Exposition.

**Orfèvrerie.** — Les Baoulé font des bijoux et des objets de parure
en or et aussi en cuivre. Le mode de fabrication est identique pour
les deux métaux. L'orfèvre exécute avec de la cire le modèle du
bijou qu'il veut faire, en multipliant à plaisir les détails d'ornementation, que la malléabilité de la cire lui permet de rendre avec une
grande finesse; puis il entoure son modèle d'une sorte de pâte
faite d'argile mélangée à de la filasse, qui s'adapte très exactement
sur tous les reliefs et les creux du modèle; à l'une des extrémités

---

(1) Des types de tissus, de sièges et de poteries du Baoulé sont exposés en ce moment au Pavillon de la Côte d'Ivoire, dans les jardins du Trocadéro. Ils sont à comparer aux objets analogues provenant de l'Égypte ancienne et conservés au Musée du
Louvre et au British Museum de Londres.

de ce moule, il ménage une petite ouverture qui se continue par un
tube terminé en entonnoir faisant corps avec le moule. Il fait fondre
le métal dans un petit creuset en terre dure posé sur un feu de
charbon de bois, en activant ce feu à l'aide d'un soufflet double en
cuir et en bois ou à l'aide d'un chalumeau ; une fois le métal fondu
et le moule bien sec, l'orfèvre saisit le creuset avec des pinces en
fer et en verse le contenu dans l'orifice en entonnoir du moule : le
métal en fusion, coulant sur la cire, la fait fondre et s'évaporer,
et prend sa place. Lorsque le moule est refroidi, on le brise et on
a le bijou, absolument semblable au modèle en cire qui avait été
exécuté au début.

Telle était également la façon d'opérer des bijoutiers de l'ancienne Égypte. Un bas-relief de Thèbes montre le bijoutier assis
devant son creuset, le chalumeau à la bouche et les pinces à la
main.

Les bijoux baoulé ont les mêmes formes générales et les mêmes
destinations que les bijoux dont les Égyptiens aimaient à se parer.
Ce sont des bagues en torsade, des bracelets d'or ou de cuivre en
forme de simples anneaux unis, des anneaux de chevilles à charnière en cuivre massif ou en or, ourlés de chaînettes imitant le fili-
grane, des pendeloques de formes et de tailles variées, des colliers
faits de grains d'or alternant avec des perles de verre, et enfin ces
bijoux si curieux qu'on appelle des pectoraux et des couvre-seins.
Le pectoral est une pièce d'or ouvragé, soit carrée, soit rectangulaire, soit circulaire, que l'on suspend au collier de façon à ce
qu'elle masque le sillon qui se creuse entre les seins ; le couvre-
sein est une sorte de boîte ou de coupe renversée, également en or
ouvragé, qui s'adapte sur chacun des seins et en épouse exactement les contours. Ces bijoux peuvent être examinés au Musée de
Berlin, au Louvre (parure du prince Psar) et surtout à Boulaq (pa-
rures de la reine Ahotpou et du roi Ahmos I) ; on les retrouvera les
jours de fête sur le corps des femmes du Baoulé et de tous les pays
Agni, et le Pavillon de la Côte d'Ivoire en expose plusieurs types
intéressants, entre autres des pectoraux et des couvre-seins.

L'art de faire des feuilles d'or et de les plaquer sur des objets en
bois, très en honneur dans l'ancienne Égypte, se retrouve également dans le Baoulé. Ces feuilles d'or étaient, en Égypte, « des
lames forgées à grands coups de marteau sur l'enclume. Pour les
objets de petites dimensions, on se servait de pellicules, battues
entre deux morceaux de parchemin. Le Musée du Louvre possède
un véritable livret de doreur, et les feuilles qu'il renferme sont

aussi fines que celles des orfèvres allemands au siècle passé... S'il
s'agissait de quelque statuette en bois, on commençait par coller
une toile fine ou par déposer une mince couche de plâtre et l'on
appliquait l'or ou l'argent par dessus ce premier enduit (1). » Cette
description peut s'appliquer presque mot pour mot à la façon dont
opèrent les doreurs du Baoulé, à cette différence près qu'au lieu de
toile fine ou de plâtre, ils appliquent sur l'objet à dorer un très
léger enduit de pâte claire de manioc : les feuilles d'or employées
sont si fines et si exactement appliquées que les détails de sculpture
de l'objet en bois sont rendus avec la plus grande finesse et que, à
première vue, l'objet doré a l'air d'être tout en or.

Les Égyptiens doraient de cette façon beaucoup de statues en
bois, notamment des statues de Thot, le dieu à tête de cynocéphale. Pour ma part, j'ai vu dans le Baoulé plusieurs statues ou
statuettes dorées représentant également le dieu-cynocéphale.
Comme les anciens Égyptiens aussi, les Baoulé appliquent parfois
des feuilles d'or sur les yeux, la bouche et même sur la tête entière
des momies des personnages de marque, comme nous le verrons
plus loin, en parlant des rites funéraires.

Mais l'usage que l'on fait le plus souvent des feuilles d'or consiste
à en recouvrir des manches de couteaux, de sabres de parade et de
chasse-mouches en queue de bœuf ou de cheval. On peut voir à
l'exposition de la Côte d'Ivoire des types de ces couteaux, chasse-
mouches et sabres de parade, dits improprement couteaux de sa-
crifice (2). Les manches des couteaux et chasse-mouches sont en
général en forme de cône allongé et se terminent à la poignée par
une calotte sphérique plus large que la base du cône; ils sont ornés
de raies, de traits entrecroisés, de petits cercles, etc. Les manches
des sabres de parade sont d'un travail plus curieux et plus soigné :
en général ils consistent en une tige droite ornée à chacun des bouts
d'une sphère, parfois aplatie, variant de la grosseur d'un poing
d'enfant à celle d'un œuf d'autruche ; de petits dés en relief ornent
en outre assez souvent la tige entre les deux sphères. Celles-ci portent tantôt une figuration humaine du soleil, tantôt une tête de
taureau, tantôt une figure humaine, un crocodile, un serpent, etc.
J'ai vu de ces sabres qui, lame et manche compris, étaient plus
hauts que les gens chargés de les porter; la lame est quelquefois
double et formée de deux pièces de fer réunies à la base et légère-

____

(1) MASPERO, *op. cit.*, p. 297.
(2) Ces sabres ont une lame en fer forgé et découpé à jour, de tranche très épaisse
et ne peuvent en aucune façon servir à trancher quoi que ce soit.

ment écartées l'une de l'autre ensuite. Dans les processions funéraires les filles et les sœurs du défunt portent cérémonieusement
ses sabres de parade, la poignée en l'air (fig. 2).

Chez les Égyptiens on rencontre des éventails à manche doré (bijoux de la reine Ahotpou au Musée de Boulaq) et on retrouve également, quoique différant un peu de forme, le sabre de parade à
poignée recouverte de feuilles d'or : le sabre du roi Ahmos I, qui a
la forme d'un poignard, a un manche en bois décoré d'or et de pier-

Fig. 2. — Détail des funérailles d'Aboua-Pokou, chef des environs de Toumodi
(moyen Baoulé) : ses filles portent ses sabres de parade.

reries et un pommeau doré orné de quatre têtes de femme en plaques d'or repoussé; la soudure de la lame au manche est dissimulée
par une tête de taureau dorée.

## § 2. — ARTS

**Sculpture.** — Les Baoulé ne pratiquent que la sculpture sur bois,
tandis que les Égyptiens ont pratiqué la sculpture et sur bois et sur
pierre. On peut dire d'ailleurs que les Baoulé n'ont guère à leur
disposition, en fait de pierres, que du granit quartzeux, du quartz
et de la latérite, toutes substances impropres à être taillées. De

plus ils ne font que des statues de petite dimension : les plus grandes que j'ai vues ne dépassaient pas un mètre, et les sculptures sur bois les plus communes sont des statuettes, des masques, des sièges ou de petits sujets comme les marteaux de sonnettes d'appel, les manches de sabres ou de couteaux, les cuillers, les cannes, etc.

Mais ces différences de matière et de taille, différences tout à fait accessoires, mises à part, on ne peut s'empêcher d'être frappé des traits de ressemblance qui existent entre la sculpture égyptienne et la sculpture baoulé. L'art égyptien sans doute s'élève au-dessus de l'art baoulé de toute la distance qui sépare une culture intellectuelle raffinée d'une imagination primitive : néanmoins le fond des manifestations artistiques des deux peuples est commun. Imaginez une statue égyptienne copiée par un ouvrier malhabile et surtout ignorant et vous aurez une image très exacte de ce qu'est la statuaire baoulé.

Une chose qui saute aux yeux de tout observateur, c'est de voir combien les sculpteurs baoulé s'attachent à prendre sur le vif les traits saillants de l'objet humain ou autre qu'ils veulent représenter et à rendre ces traits saillants avec toute l'exactitude dont ils sont capables. Autre chose à remarquer : les sculpteurs baoulé n'oublient aucun détail, même infime ; dans une tête par exemple, ils figurent les cheveux presque un par un ; les saillies des muscles ne sont pas oubliées, non plus que les détails du pelage dans les animaux. Mais tout cela, cette représentation exacte des traits saillants, ce soin du détail, est comme coulé dans un moule uniforme, convenu, qui annihile presque l'initiative individuelle et donne à toutes les œuvres un caractère de monotonie fatigant, tel qu'on ne reconnaît plus les auteurs qu'au plus ou moins d'habileté manifestée par l'ouvrier dans l'exécution.

Or ces trois caractères (représentation exacte des traits saillants, soin du détail, convenu du type) sont précisément ceux que l'on s'accorde à attribuer à l'art égyptien. « Leurs hommes et leurs femmes, dit M. Maspero (1), sont donc de véritables monstres pour l'anatomiste, et cependant ils ne sont ni aussi laids ni aussi risibles qu'on est porté à le croire, en étudiant les copies malencontreuses que nos artistes en ont faites souvent. Les membres défectueux sont alliés aux corrects avec tant d'adresse, qu'ils paraissent être soudés comme naturellement. Les lignes exactes et les fictives se

_______________

(1) Maspero, *op. cit.*, p. 171.

suivent et se complètent si ingénieusement qu'elles semblent se déduire nécessairement les unes des autres. La convention une fois reconnue et admise, on ne saurait trop admirer l'habileté technique dont témoignent beaucoup de monuments. Le trait est net, ferme, lancé résolument et longuement mené... Les détails du costume et de la parure, d'abord indiqués sommairement, étaient repris un à un et achevés minutieusement : on peut compter presque les tresses de la chevelure, les plis du vêtement, les émaux de la ceinture ou des bracelets. *Ce mélange de science naïve et de gaucherie voulue,* d'exécution rapide et de retouche patiente, n'exclut ni l'élégance des formes, ni la grâce et la vérité des attitudes, ni la justesse des mouvements. Les personnages sont étranges, mais ils vivent, et, pour qui veut se donner la peine de les regarder sans préjugé, leur étrangeté même leur prête un charme que n'ont pas des œuvres plus récentes et plus conformes à la vérité. »

Je me suis permis cette longue citation parce qu'elle est intéressante, en ce qu'elle peut aussi bien s'appliquer à l'art du Baoulé qu'à l'art de l'ancienne Égypte.

Sans généraliser davantage, je veux essayer d'étudier trois types de sculpture baoulé qui font partie de ma collection et de les comparer à quelques types de la sculpture égyptienne.

Fig. 3.
Statue en bois du dieu-cynocéphale, provenant de Kan-si (moyen Baoulé).

Le premier est une idole représentant un cynocéphale (fig. 3). C'est une pièce tout à fait primitive : par endroits il semble que le bloc de bois ait été à peine dégrossi; on peut néanmoins remarquer combien l'attitude du sujet est vraie : c'est bien là un singe se dressant sur ses pattes de derrière, les genoux ployés, et portant de

la nourriture à sa bouche (il tient en effet dans ses mains une sorte
d'assiette destinée à recevoir les offrandes, qui consistent généralement en un œuf); la disproportion entre l'avant-bras et le bras,
entre les membres supérieurs et les inférieurs, entre le tronc et les
jambes, est bien nettement indiquée ; l'énormité de la tête par rapport à la taille ne sort pas de la vérité; la saillie du crâne et de l'ar-
cade sourcilière, les bajoues même, tout est indiqué; il y a trop
d'incisives et de canines et pas assez de molaires, mais il est remarquable que l'artiste ait figuré, et à leurs places respectives, des incisives, des canines et des molaires.

Toute primitive qu'elle soit, cette statue a un grand air de vérité,
une recherche des détails et en même temps une sorte d'attitude
convenue et hiératique qui la font bien rentrer dans les caractères
généraux communs à la statuaire
baoulé et à la statuaire égyptienne.

Les Égyptiens, qui avaient divi-
nisé le cynocéphale en la personne
de Thot, ont représenté souvent
cet animal, mais le cynocéphale
des Égyptiens était l'hamadryas,
qui diffère notablement du *Cyno-
cephalus Sphinx* de la Côte
d'Ivoire. Néanmoins, la forme
des têtes mises à part, on est frappé
de la ressemblance d'attitude qui
existe entre la statue de cynocéphale de Kan-si que je viens de
décrire et les quatre hamadryas
adorateurs du Musée du Louvre;
on pourra rapprocher encore de
cette statue une figuration animale
du dieu Thot qui se trouve parmi
les bas-reliefs polychromes de
Thèbes, et aussi la Touéris (fig. 4),
divinité de Thèbes qui protégeait
les femmes enceintes et qu'on dit
en général être un hippopotame,

Fig. 4. — La Touéris, hippopotame (?)
ou hamadryas femelle (Thèbes).

mais que je prendrais plutôt pour un hamadryas femelle.

Les Baoulé, comme presque tous les nègres d'ailleurs, possèdent
beaucoup de statuettes d'hommes et de femmes que les Européens
qualifient généralement de fétiches, les prenant pour des idoles, et

qui cependant n'ont absolument rien de religieux. Il y en a de deux
sortes : les unes, que l'on pourrait très justement appeler des poupées, ne représentent aucun individu déterminé; ce sont des jouets
ou des bibelots, qui servent à
amuser les jeunes filles ou à orner
les habitations : les enfants et les
jeunes femmes leur donnent un
nom, les habillent, les ornent de
perles et de bijoux, et jouent avec
ces statuettes comme nos enfants
jouent avec des poupées. Les
autres sont le pendant exact des
statuettes funéraires égyptiennes :
elles représentent ou sont censées
représenter le défunt ou la dé-
funte ; lorsque la momie a été dé-
posée dans son tombeau, la statuette prend sa place dans la chapelle mortuaire; c'est à elle que
l'on présente les offrandes, c'est
elle que l'on prend à témoin et
que l'on invoque, l'âme du défunt
étant censée venir habiter cette
figuration de son corps. C'est ce
qui a conduit un certain nombre
de voyageurs à qualifier d'idoles
ces statuettes, qui ne sont que
des représentations d'un mort
destinées à incarner son âme.

C'est à la première catégorie de
statuettes, à celle des poupées,
qu'appartient la figure de femme
représentée ici (fig. 5). Une chose
frappe d'abord dans cette statuette : c'est qu'elle est le type
pour ainsi dire condensé de la
femme baoulé : prognathisme,
mâchoire inférieure forte, bouche petite, lèvres grosses, nez

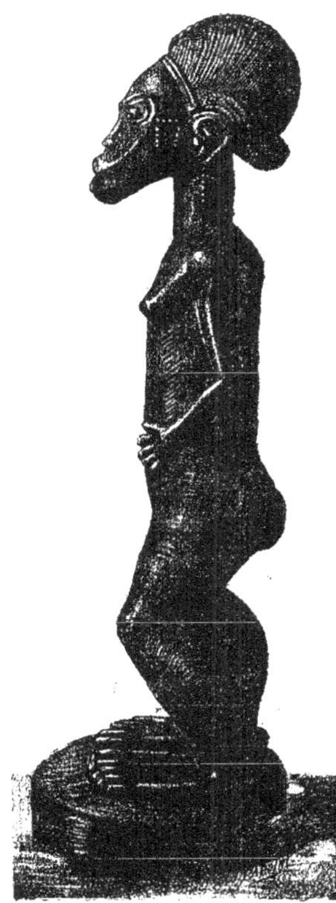

Fig. 5. — Statuette de femme baoulé
proveuant d'Abli (moyen Baoulé).

aplati, grands yeux, petites oreilles, cou élancé, sein piriforme,
nombril saillant, bras long, buste très allongé, fesses saillantes

jambes courtes, mollets forts, tous les caractères de la femme
baoulé sont là, plus ou moins exagérés ; l'artiste n'a fait qu'une
faute : il a donné un développement exagéré aux pieds qui sont au
contraire fort petits, comme les mains, chez les femmes baoulé de
race pure.

Si l'artiste a exactement représenté les traits saillants, il a donné
aussi un soin tout particulier aux détails : les yeux sont soignés,
ainsi que les oreilles; la chevelure surtout est minutieusement
rendue, présentant le type de coiffure le plus commun chez les
femmes du Baoulé ; les tatouages aussi sont très exactement rendus ; la ligne des épaules, les biceps, le creux du dos, les plis de la
cuisse, les genoux, tout y est. Cette statuette présente un fini
d'exécution, un poli, que n'avait pas l'idole de cynocéphale.

Là où on retrouve le convenu, l'inexactitude voulue, c'est dans
la grosseur de la tête par rapport au reste du corps, dans la rai-
deur du buste, dans les mains posées sur le ventre, dans le mode
de station les genoux pliés et
les talons en dehors : ce type
consacré par la routine, on le
retrouve dans toutes les statuettes baoulé, de même que
dans toutes les statues égyptiennes on retrouve les mêmes
gestes et les mêmes attitudes
(bras collés au corps, jambe
gauche en avant, etc.).

Si l'on veut bien songer un
instant que les statuettes du
Baoulé représentent des nègres
tandis que les statues d'Égypte
représentent des blancs, on
trouvera une grande parenté
de lignes entre les unes et les
autres. Telle tête de personnage

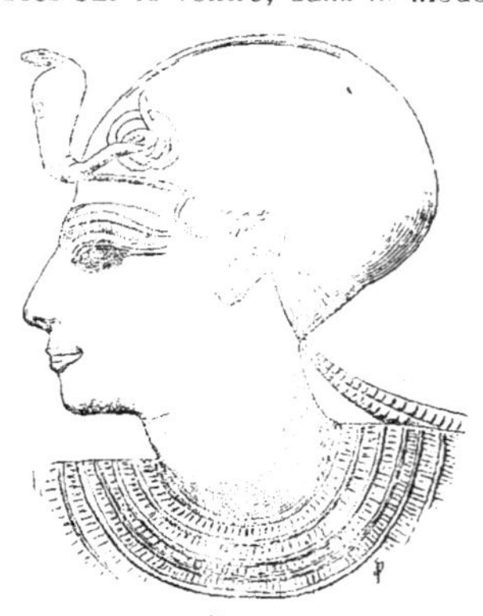

Fig. 6.
Tête de Séti I (bas-relief d'Abydos).

égyptien, celle par exemple de Séti I dans le bas-relief d'Abydos
(fig. 6), fait songer immédiatement à la statuette que nous venons
d'étudier : les caractères ethniques mis à part, le dessin général de
la tête, du cou et des yeux est le même. Il y a plus de ressemblance
encore avec les représentations de princesses de la XVIII<sup>e</sup> dynastie,
où l'on retrouve un souci analogue de représenter minutieusement
la chevelure.

L'analogie entre un masque représentant le dieu Gou (fig. 7) que j'ai trouvé dans le haut Baoulé, et certaines sculptures égyptiennes est encore plus frappante.

Ce masque est remarquable, non seulement par le fini du détail, mais surtout par la pureté et la régularité des lignes : je ne crains pas de dire que c'est un beau morceau de sculpture mystique. Ce n'est plus seulement la copie naturaliste d'un modèle, comme l'idole de cynocéphale, ni la représentation d'un type, comme la statuette de femme ; c'est plus : c'est l'expression d'une idée, la force tranquille et régulière de Gou, l'organisateur du monde. Le visage est bien ovale, le front très haut et bombé, le nez long et mince n'est pas aplati à l'extrémité, les sourcils sont bien arqués, le prognathisme est absent : loin de présenter l'exagération des caractères de la race nègre comme la tête de la statuette, ce masque semble exprimer l'idéalisation de la figure humaine. C'est bien là une tête de divinité, c'est la beauté humaine telle que la conçoit un artiste nègre, car les nègres, quoi qu'on en ait dit, se rendent parfaitement compte que le prognathisme et l'écrasement du nez défigurent une face humaine. Le sculpteur au reste n'a pas cherché dans ce morceau à faire du réalisme : d'abord il est bien certain que le dessin général de la figure est un produit de son imagination ou si l'on veut la réalisation de son rêve, car il n'avait autour de

Fig. 7. — Masque de Gou, divinité à tête humaine, provenant de la région de Kofikro (haut Baoulé).

lui aucun angle facial pouvant lui servir de modèle : je sais de façon absolument sûre que l'auteur de ce masque n'avait jamais vu un seul individu de race blanche avant le jour où il m'a apporté son œuvre. Ensuite, on remarquera que, s'il a représenté avec un soin méticuleux la coiffure en diadème de Gou, ses tatouages frontaux et temporaux, sa barbe tressée, il a figuré d'une façon toute fantaisiste ses favoris, ses moustaches et sa bouche, cette bouche qui envoie par le monde le souffle créateur. J'ai donc quelque raison de dire que ce masque est l'œuvre d'un artiste et non pas seulement celle d'un habile ouvrier.

Fig. 8. — Ptha, divinité de Memphis à tête humaine, d'après un bronze du Musée de Turin.

Vu de face, ce masque a plus d'une analogie avec la tête du dieu Ptha, telle que nous la présente un bronze du Musée de Turin (fig. 8) : même expression de force tranquille, même visage, même barbe carrée ; mais la coiffure en diadème est remplacée par un serre-tête dans la statue égyptienne. Il ne faut pas oublier que Gou remplit le même rôle dans la mythologie du Baoulé que le dieu Ptha dans celle de l'Égypte, et par suite il n'est pas étonnant que l'artiste égyptien et l'artiste baoulé, ayant en tête la même conception, soient arrivés, à plusieurs milliers d'années de distance, à un résultat à peu près semblable.

Fig. 9. — Tête du sphinx de Tanis.

Il est intéressant de noter aussi les rapports qu'a le même masque, vu de profil, avec la tête du sphinx en granit noir découvert par Mariette à Tanis en 1861 (fig. 9). La tête de ce sphinx est entourée d'une crinière qui encadre le visage, produisant le même effet que le diadème de cheveux de Gou continué par ses favoris ; la barbe du sphinx et sa lèvre inférieure portée en avant rappellent aussi les dispositions de la partie inférieure du masque. Ce peut n'être là qu'un rapprochement fortuit, mais il m'a paru mériter l'attention.

**Bas-reliefs.** — Il est très fréquent au Baoulé de voir les murs et les portes des maisons ornés de bas-reliefs. Les portes sont couvertes de figures taillées au couteau, en creux ou en relief, dans l'unique et massif panneau : ces figures sont assez peu variées ; c'est généralement un crocodile, un gros poisson qui en mange un petit, un serpent, ou bien simplement des dessins géométriques.

Sur les murs, on rencontre une variété d'ornementation bien

Fig. 10. — Bas-relief photographié à Toumodi (moyen Baoulé).

plus considérable. Tantôt l'artiste a représenté une scène de guerre ou de chasse, tantôt une scène de mœurs domestiques, tantôt des têtes de divinités ou des légendes religieuses. J'ai vu ainsi représentés plusieurs épisodes de la colonne Monteil, où les chevaux jusque-là inconnus des Baoulé, jouaient toujours un grand rôle. Les scènes de chasse à la panthère sont très fréquentes.

Un bas-relief polychrome dont des artistes indigènes avaient orné le mur de la salle à manger de l'ancien poste de Toumodi, et dont j'ai pris une photographie, représentait une scène assez curieuse (fig. 10) : un Blanc est sur le point d'être dévoré par un caïman, un noir portant les attributs du dieu Kaka-Gnié (une tête de taureau et un trident) vient à son secours. On remarquera que tous les personnages sont de face dans ce bas-relief et que le caïman se trouve être sur un plan perpendiculaire au plan général.

D'autres fois, au contraire, tous les personnages sont de profil et sur la même ligne, comme il arrive pour une scène de guerre représentée à Angoua-Akou-kro (moyen Baoulé) : là, un Blanc à cheval, coiffé du casque, et représentant *Kpakibo* (1), est suivi par plusieurs soldats dans la position du tireur : devant lui sont des indigènes rebelles, que l'on distingue des tirailleurs en ce qu'ils tirent à bras tendus, à la mode indigène, au lieu d'épauler : tous ces personnages sont de profil et sur une même ligne, disposition qui rappelle davantage celle des bas-reliefs égyptiens.

On pourrait dire des personnages des bas-reliefs baoulé, en général, ce que dit Maspero des personnages des bas-reliefs égyptiens : les artistes « ne se firent point scrupule de combiner, dans la même figure, les perspectives contradictoires que produisent l'aspect de face et l'aspect de profil. La tête, presque toujours munie d'un œil de face, est presque toujours plantée de profil sur un buste de face, le buste surmonte un tronc de trois quarts, et le tronc s'étaye sur des jambes de profil. »

Comme les bas-reliefs de Thèbes et de Memphis, ceux du Baoulé sont une suite de personnages d'allure souvent bien vivante, mais ce n'est qu'une suite de personnages ne formant pas de tableau d'ensemble : il y manque la perspective.

Comme les bas-reliefs égyptiens, les bas-reliefs du Baoulé, ceux des portes comme ceux des murs, sont souvent polychromes. Mais les Égyptiens avaient à leur disposition plus de couleurs que les Baoulé : ils avaient le jaune, le rouge, le bleu, le brun, le blanc, le noir et le vert. Les Baoulé n'ont que le rouge, le bleu, le blanc et le noir : le rouge est donné par l'ocre rouge ou l'argile rouge, délayée dans l'eau, le bleu par l'indigo, le blanc par la terre blanche à base de talc dont j'ai parlé déjà, le noir par du charbon pilé et mélangé à de l'huile de palme. Ainsi, dans le bas-relief représenté à la figure 10, le Blanc portait un pantalon bleu et une veste rouge, les mains et la figure étaient peintes en blanc, les cheveux en noir : le caïman portait plusieurs lignes de points bleus, noirs et rouges, sur fond blanc, figurant les écailles ; le nègre était noir, le trident rouge, la tête de taureau rouge avec front blanc et cornes noires.

----

(1) *Kpakibo*, c'est-à-dire « le fendeur de forêts, l'ouvreur de routes, » nom donné par les Baoulé au capitaine, depuis lieutenant-colonel, Marchand et sous lequel il est resté légendaire parmi les indigènes.

**Caricatures**. — Les Égyptiens avaient l'esprit gai et caustique
par nature et les vignettes de leurs papyrus sont souvent des caricatures, généralement licencieuses et presque toujours fort bien
réussies. Les noirs sont également portés à la raillerie et j'ai rencontré plusieurs fois au Baoulé des bas-reliefs muraux qui sont,
eux aussi, de bonnes caricatures : chose remarquable même, dans
ces caricatures les personnages ont une intensité de vie et une vérité
de gestes et de physionomies qu'on ne retrouve pas dans les bas-
reliefs « sérieux ».

On cite beaucoup un papyrus du Musée de Turin qui nous raconte,
en vignettes amusantes, les exploits amoureux d'un prêtre chauve
et d'une chanteuse. J'ai vu à Afoué-Okré-kro, dans le nord du
Baoulé, sur le mur intérieur d'une chambre, un bas-relief peut-être
un peu trop licencieux, mais qui, par la drôlerie des physionomies,
ne le cède en rien au papyrus de Turin. Il y a quatre personnages
qui se suivent: d'abord une femme, qui, serrée de fort près par un
amoureux très excité, donne en même temps les signes de la frayeur
la plus vive (le mari arrive par derrière) et d'un contentement indé-
niable ; le second personnage, l'amoureux, tient la femme embras-
sée et n'a qu'une expression de physionomie, mais prise sur le vif,
celle du désir porté à son paroxysme ; le troisième personnage est
le mari : sa figure respire la soif de la vengeance et d'ailleurs il tient
levé sur le dos de son rival un couteau qui se serait déjà abattu,
n'était l'intervention du quatrième personnage, un ami commun
sans doute, qui tient le mari à bras le corps pour l'empêcher de com-
mettre un meurtre et qui en même temps rit dans sa barbe (il rit effec-
tivement dans sa barbe), en ayant l'air de dire : « Pendant que
je l'empêche de tuer son rival, celui-ci va achever sa besogne (1). »

**Objets en cuivre et en bronze**. — Tout visiteur du Musée ethnogra-
phique du Trocadéro ou de l'exposition de la Côte d'Ivoire remarque
les étranges petits bibelots en cuivre et en bronze provenant du
Baoulé et des autres pays agni et représentant une foule de sujets :
chaises, tortues, panthères, antilopes, oiseaux, cavaliers, etc. Ces
petits bibelots, faits au moule, comme les bijoux d'or, et présentant
une richesse de détail étonnante, sont des poids : ils servent à peser
les grandes quantités de poudre d'or, les petites quantités se pesant
au moyen de poids d'un modèle plus simple (rectangles ou boules
de cuivre en général).

(1) Ne pouvant photographier ce bas-relief à cause de l'obscurité de la chambre où
il se trouvait, j'en avais pris un croquis, mais ce croquis a été brûlé avec beaucoup
d'autres lors de l'incendie du poste de Toumodi, en 1899.

Je ne connais rien d'analogue, au moins comme destination, dans les produits de l'art égyptien. Mais au point de vue de la composition artistique, il est permis de rapprocher ces poids si variés de formes des innombrables bibelots et figurines représentant des animaux ou des objets divers, les uns en bronze, les autres en faïence ou en pierre, que l'on a trouvés dans les nécropoles égyptiennes et qui ornent tous les Musées.

**Musique et danse.** — Les Égyptiens étaient passionnés pour la musique et la danse : ils en faisaient à la fois un divertissement et un accompagnement obligatoire de toutes leurs cérémonies religieuses. Nous retrouvons ce goût et cette coutume chez les Baoulé, et de plus nous rencontrons chez eux les mêmes instruments que chez les Égyptiens : le tambour, la flûte, la cithare, la harpe (ces deux derniers instruments d'ailleurs bien dégénérés chez les Baoulé). Le sistre, sorte de fer à cheval en bronze à travers lequel passait une tringle mobile, et qui servait à rythmer les danses sacrées, se retrouve chez les Baoulé sous la forme d'un cylindre de fer creux supporté par une poignée et fendu longitudinalement, sur la fente duquel on frappe en la faisant glisser avec une baguette de fer : cet instrument, appelé *kpan-ndou*, sert exactement aux mêmes usages que le sistre.

### § 3. — COUTUMES SOCIALES.

**Propriété.** — La propriété individuelle existe au Baoulé comme elle existait en Égypte, mais, à part l'or et les bénéfices du commerce, ce qui constitue surtout la propriété, c'est le sol cultivable : les terres de culture sont la propriété du village et sont réparties d'un commun accord entre les différentes familles du village ; chaque parcelle est donc la propriété d'une famille plutôt que d'un individu.

De même la famille tout entière est rendue responsable des dettes et des contrats de chacun de ses membres, et lorsque le créancier ne peut s'en prendre à son débiteur, il confisque les biens d'un membre quelconque de sa famille, parfois même de sa tribu.

Or les papyrus démotiques nous apprennent que la propriété égyptienne était collective dans la famille et que tous les membres d'une même famille étaient solidaires des contrats passés par l'un d'entre eux. Ils nous apprennent aussi que les biens du débiteur pouvaient être saisis et, à leur défaut, les biens d'un parent même éloigné du débiteur.

**Esclavage.** — L'esclavage paraît avoir existé de tout temps en

Égypte, mais il n'y avait pas de classe d'esclaves comme à Rome par exemple, se perpétuant de père en fils. Les esclaves étaient tous des étrangers, soit des blancs d'Asie amenés par des Syriens pour être vendus, soit des nègres du sud capturés par les Égyptiens dans leurs expéditions sur le haut Nil

Les enfants d'esclaves ne pouvaient pas être vendus. L'enfant d'un homme libre et d'une esclave était élevé sur le même pied que l'enfant de l'épouse et héritait également. Les livres de morale engageaient à bien traiter les esclaves et le meurtre d'un esclave était puni au même titre que celui d'un homme libre (1).

Les mêmes coutumes se retrouvent chez les Baoulé : un esclave est nécessairement un étranger ; tout individu né sur le sol baoulé ne peut plus être vendu, même s'il est fils de père et de mère esclaves. Les enfants des esclaves sont traités à peu près comme les autres et leurs petits-enfants sont complètement libres. La condition des esclaves est d'ailleurs fort douce, et il n'est pas rare de voir un esclave devenir, à la mort de son maître, le chef de la famille.

**Succession.** — Chez les Baoulé la succession est maternelle, c'est-à-dire que les degrés de succession sont établis d'après la parenté maternelle. Le premier héritier est le frère du défunt, né de la même mère, ensuite vient le neveu fils de sœur, puis l'oncle maternel, puis le cousin fils d'oncle maternel. La raison de cet ordre de succession est dans le peu de cas que font les Baoulé de la fidélité des femmes : on est sûr d'être le parent de son frère, de sa sœur, du fils de celle-ci et en général de tous ceux qui descendent de la même mère que soi, mais on n'est jamais sûr d'être le parent de son fils.

La même coutume régissait l'ancienne Égypte : l'héritier était le frère ou le neveu, fils de sœur. Mais comme il arrivait très souvent que le frère épousait sa sœur, l'héritage passait au fils, qui d'ailleurs se trouvait aussi être le neveu.

**Condition de la femme.** — On a dit et répété à satiété que chez les nègres la femme est l'esclave de l'homme, sa bête de somme dans le jour, sa bête à plaisir la nuit. Cette opinion, comme beaucoup d'opinions toutes faites, est absolument fausse, pour les gens de race agni en particulier. Au Baoulé l'homme a bien en général le pas sur la femme, mais on peut dire que la femme est l'égale de l'homme. La femme hérite et succède comme l'homme, quoique après lui seulement à degré égal de parenté. Il arrive très souvent qu'une femme est chef de village ou de tribu. Les deux premières

(1) Diodore de Sicile.

reines du Baoulé, Aoura-Pokou et Akoua-Boni, étaient des femmes. Dans les réunions publiques les femmes prennent la parole et sont écoutées aussi bien que les hommes. Dans la vie familiale, la femme est vraiment la maîtresse de la maison ; on a soin de lui éviter les travaux trop pénibles, le mari prend conseil de sa femme dans toutes les occasions importantes ; la déférence envers les femmes, ce que nous appelons la galanterie, est générale dans tout le Baoulé.

C'est là qu'il semble que l'influence égyptienne s'est surtout manifestée. La femme, en effet, dans l'ancienne Égypte, occupait la place d'honneur dans la société. Non seulement elle n'était pas exclue du trône, mais elle y était entourée de plus d'honneurs que le roi, ainsi que le fait remarquer Diodore de Sicile. La mère avait le pas sur tous les autres membres de la famille, et Hérodote, comme les autres auteurs grecs, se montre très frappé de la liberté laissée aux femmes égyptiennes par leurs maris. Tout cela n'empêchait pas d'ailleurs les Égyptiennes d'avoir des mœurs faciles et les Égyptiens de ne pas s'illusionner sur la vertu de leurs épouses qui étaient, d'après le papyrus Prisse, « un faisceau de toutes les méchancetés, un sac plein de toutes sortes de malices ».

Comme chez les Baoulé, la jeune fille égyptienne se donnait ou plutôt se vendait à tout venant sans que sa famille ni personne y trouvât à redire et ne perdait sa liberté, au moins théoriquement, qu'une fois mariée.

Comme preuve de la galanterie égyptienne, on peut citer ce passage des *Instructions de Phtahotep* (V⁰ dynastie) : « Si tu es sage, munis bien ta maison ; aime ta femme sans querelles, nourris-la, pare-la, c'est le luxe de ses membres. Parfume-la, réjouis-la le temps que tu vis ; c'est un bien qui doit être digne de son possesseur. Ne sois pas brutal avec elle. »

**Insignes de commandement.** — Les insignes de la royauté ou du commandement, chez les Égyptiens, étaient :

1° Le sceptre, souvent en bois noir entouré d'or, et affectant la forme soit d'une crosse, soit d'un crochet, soit d'une hache d'armes, généralement terminé à son extrémité inférieure par une boucle (1) ;

2° Une sorte de fouet, qui peut être aussi bien assimilée à un chasse-mouches (2) ;

(1) Voir notamment une peinture de Thèbes représentant un pharaon assis sur son trône et recevant les hommages de ses vassaux, la statue de Ptha du Musée de Turin, Ammon recevant les hommages de Séti 1 (bas-relief d'Abydos), le roi entre Osiris et Horus (Musée du Louvre), et beaucoup de statuettes funéraires.

(2) Voir le groupe du Musée du Louvre cité plus haut et les statuettes funéraires.

3º Une sorte de boucle terminée par une croix, et qu'on appelle généralement la croix ansée (1);

4º Le sabre de parade à lame courbe (2) ;

5º Le bâton (3).

Or ces cinq attributs du commandement se retrouvent au Baoulé, plus ou moins modifiés ; chaque chef ou notable, dans les cérémonies et dans les occasions importantes de sa fonction, ne se présente que muni d'un ou de plusieurs de ces attributs.

1º Le sceptre affecte décidément au Baoulé la forme d'une hache de parade rappelant par sa configuration générale la crosse dont elle tire son origine : telle est la hache de parade en cuivre ouvragé, terminée en bas par un anneau comme le sceptre du dieu Ptha, et que j'ai acquise d'un chef de Kyéplé (haut Baoulé) (fig. 11).

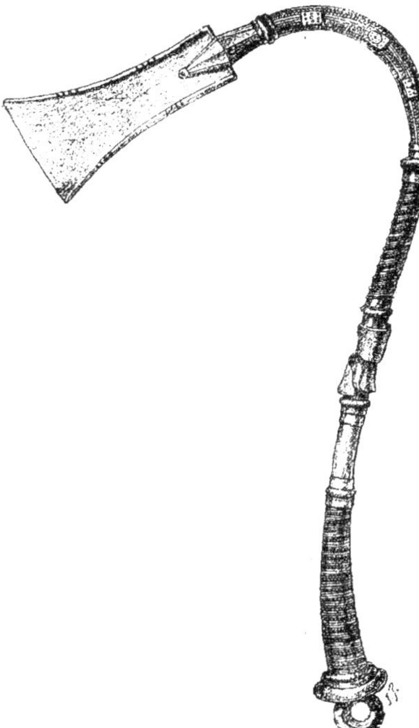

Fig. 11. — Sceptre ou hache de parade en cuivre provenant de Kyéplé (haut-Baoulé).

2º Le chasse-mouches en queue de bœuf ou d'éléphant, rarement de cheval, à manche en bois doré ou non, est porté par

<hr>

(1) Voir presque toutes les représentations ou statues de dieux et de rois.

(2) Voir notamment Ammon recevant les hommages de Séti I (bas-relief d'Abydos).

(3) Voir surtout Ramsés II recevant des prisonniers, et Osiris recevant Séti I présenté par Horus (bas-relief du tombeau de Séti I, à Thèbes).

presque tous les notables du Baoulé, et ils ne s'en séparent presque jamais ; les plus pauvres le remplacent par une sorte de balai en fibres de raphia qui sert au même usage ; enfin, surtout dans le nord-est, il est assez souvent remplacé par un fouet véritable en cuir.

3° Lorsqu'un chef du Baoulé voyage avec ses hommes en armes, il porte toujours à la main, en outre du chasse-mouches suspendu au poignet, une sorte de sonnette en fer ayant la forme d'une gueule de grenouille et sur laquelle il frappe avec un marteau en bois ouvragé : chaque chef a sa façon de frapper, sa sonnerie spéciale, que connaissent ses guerriers et qui est pour eux un signal de ralliement. Peut-être cette sonnette d'appel tire-t-elle son origine de la croix ansée des rois égyptiens, dont la signification précise n'a pas encore été trouvée, mais je ne voudrais rien affirmer à ce sujet (1).

4° Le sabre de parade à lame courbe, simple ou double, et à poignée en bois doré, dont j'ai parlé plus haut, est le véritable insigne de commandement au Baoulé : tous les hommes libres peuvent porter le chasse-mouches ou le bâton, tous les chefs disposant de quelques fusils ont un *laouré* (sonnette d'appel), mais seuls les chefs de famille, les patriarches, ont un *aoto* (sabre de parade). C'est cet attribut qu'on représente toujours à côté de l'effigie du chef défunt, sur le sarcophage. Les chefs ne le portent que dans les circonstances solennelles, comme pour prêter ou recevoir un serment d'obéissance (2) ; ils le confient en garantie de leur parole ou le font porter par leurs envoyés pour affirmer que ces derniers viennent bien de leur part.

5° Tous les chefs du Baoulé, dans les réunions publiques, ont à la main un bâton, qui est, soit une simple tige de bois, soit une lance, soit une hallebarde, soit une longue canne surmontée d'une tête de taureau, d'un crocodile, etc.

## § 4. — SCIENCES ET LÉGENDES SCIENTIFIQUES

**Formation du monde.** — Nous ne savons rien des connaissances des anciens Égyptiens sur la formation du monde, sinon qu'ils

(1) En tout cas le mot baoulé qui sert à désigner cet instrument, *laouré*, sert également à désigner une croix, une paire de ciseaux, des pinces, et en général tout objet composé de deux branches. — La plupart des égyptologues regardent la croix ansée comme l'emblème de la clef du Nil.

(2) Dans un bas-relief d'Abydos, Ammon, recevant les hommages de Séti I. tient d'une main le sceptre et la croix ansée et de l'autre le sabre à lame courbe.

admettaient que tout ce qui existe a été créé par un Dieu suprême, incréé lui-même.

Outre cette croyance à la création du monde par un Dieu incréé, les Baoulé ont encore de nombreuses légendes sur la formation progressive du monde, légendes dont il est impossible de connaître l'origine, mais qu'il ne serait pas téméraire de croire venues de l'Égypte.

L'une de ces légendes a été rendue populaire parmi eux par la fable du Crapaud et du Caméléon : ces deux animaux se disputaient à propos de leur ancienneté, chacun prétendant être venu le premier sur la terre. « Comment était la terre lorsque tu y es venu? demanda le Crapaud. — Elle était liquide, répondit le Caméléon, et c'est pourquoi j'ai pris l'habitude de chercher la place où poser mes pieds avant de les appuyer sur le sol. — Eh ! bien, reprit le Crapaud, je suis plus vieux que toi, car, lorsque je suis venu au monde, la terre ne se composait que de trois sommets, tout entourés d'eau ; il me fallait sauter de l'un à l'autre et c'est là que j'ai pris l'habitude de marcher en sautant ; et c'est la liquéfaction de ces trois sommets qui a produit la boue liquide qu'était la terre quand tu y es apparu. »

Cette fable donne l'idée des croyances des Baoulé sur les métamorphoses géologiques du globe : au début, quelques hautes montagnes émergeant seules des eaux, puis un bouleversement qui renversa ces montagnes dans les eaux environnantes et produisit une sorte de boue liquide ; cette boue ensuite se solidifia peu à peu et constitua la terre telle qu'elle existe actuellement.

**Déluge.** — La légende du déluge universel était très populaire dans l'ancienne Égypte : c'est là sans doute que Moïse en eut connaissance et c'est de là qu'elle s'est répandue à travers l'Afrique. Les Baoulé la racontent d'une façon presque identique à celle dont elle est contée dans la Bible, mais ils ne la tiennent certainement pas de la Bible, car j'ai trouvé cette légende en des régions où aucune trace de civilisation chrétienne ou musulmane n'a encore pénétré.

Le Ciel, disent-ils, envoya sur la terre son fils Assassi-oua, sous la forme d'un enfant et lui dit de demander du vin de palme aux hommes. Tous lui en refusèrent, à l'exception d'un seul. Alors Assassi-oua dit à ce dernier de construire une pirogue, d'en recouvrir le fond avec de la terre et d'y allumer du feu, car de grandes pluies allaient venir. « A la lune prochaine, lui dit-il, monte dans la pirogue. » L'homme fit ce que lui avait dit le fils du Ciel, et, quand vint la lune, il monta dans sa pirogue avec sa femme, après y avoir déposé du feu et y avoir mis un mâle et une femelle de toutes les espèces d'animaux qu'il put attraper. La pluie tomba pendant longtemps, recouvrit toutes les maisons et noya tous les hommes, à l'exception de celui qui était dans la pirogue. Alors Assassi-oua vint trouver ce dernier dans sa pirogue et lui dit : « Recouvre ton bateau d'une tente et fais provision d'eau, car à partir de la lune prochaine, le soleil va chauffer. » En effet, pendant deux mois le soleil brilla sans jamais se coucher ; l'eau diminua petit à petit et finit par disparaître. Alors l'homme et sa femme sortirent de la pirogue, ayant préservé le feu et l'eau, bâtirent une maison et eurent des enfants ; leurs fils épousèrent leurs sœurs, firent des plantations, construisirent des villages, et les hommes redevinrent aussi nombreux qu'auparavant.

**Astronomie.** — Les connaissances des Égyptiens en astronomie étaient certainement étendues et c'est sur elles que Ptolémée a basé son système. Leurs observations leur permirent de régler la durée de l'année, d'équilibrer les mois. L'année égyptienne était une année solaire, puisqu'elle était basée sur le passage de Sirius sur le soleil levant ; mais au début elle n'avait que trois cent soixante jours, et c'est plus tard seulement qu'après les douze mois de trente jours, on ajouta les cinq jours épagomènes.

Les Égyptiens donnèrent aux jours de la semaine les noms qu'ils portent encore aujourd'hui dans les langues européennes, consacrant le premier au Soleil ou à Osiris, le second à la Lune ou à Isis, et les autres aux planètes Mars, Mercure, Jupiter, Vénus et Saturne.

Ils connaissaient un certain nombre d'étoiles et de constellations et leur avaient donné des noms ; enfin ils ont inventé les signes du zodiaque.

On retrouve la trace de la plupart de ces découvertes des Égyptiens dans le peu qui constitue les connaissances astronomiques du Baoulé. Pour calculer les saisons et la durée de l'année, les Égyptiens s'étaient basés sur les crues du Nil ; les Baoulé se basent sur les pluies périodiques : comme ces deux phénomènes se produisent toujours à peu près à la même époque de l'année solaire, l'année des Baoulé comme celle des Égyptiens, comptée d'une saison des pluies à l'autre, est une année solaire approximative. Comme les Égyptiens d'ailleurs, ils font commencer l'année le jour où Sirius — qu'ils appellent *asri-koguio* « pagne d'aigle » — paraît dans le ciel au même point que celui où le soleil se lève. Mais les mois des Baoulé sont lunaires et n'ont que 28 jours.

La semaine baoulé a sept jours. Les deux premiers jours, *moné*
« dimanche », et *kessié* « lundi », tirent leur nom des deux divinités
*Nyamyé* ou *Nyamné* et *Assyé* ou *Assassi*, qui correspondent à l'Osiris ou Ammon et à l'Isis des Égyptiens. On peut même retrouver la
racine du nom d'Ammon dans *moné* et celle d'Isis dans *kessié* (le *k*
est préfixé). Les noms des autres jours ont une origine plus obs-
cure.

Les Baoulé, outre Sirius, connaissent un certain nombre d'étoiles,
de planètes et de constellations. Ils appellent l'étoile polaire *mèti*
(pour *mè ati* « donne-lui le chemin »), connaissent sa propriété d'in-
diquer toujours le nord et s'orientent par son moyen. Cela est d'autant plus remarquable que l'étoile polaire est généralement très
basse au dessus de l'horizon dans leur pays, et qu'on la voit rarement d'une façon nette, mais ils savent deviner sa position à l'aide
de la Grande-Ourse. Ils ont observé les étoiles filantes, qu'ils
appellent *nzrama-o-tou* « étoiles volantes », et les étoiles intermit-
tentes, qu'ils nomment *akotanouma*. La voie lactée, l'arc-en-ciel, le
halo solaire ou lunaire ont des noms dans leur langue.

Quant aux signes du zodiaque, chacun sait que c'est le motif de
décoration par excellence employé pour les bagues par tous les
bijoutiers de la côte occidentale d'Afrique. Mais je n'oserais trop
dire que la connaissance de ces signes leur vient de l'Égypte, attendu
qu'ils ne sont connus qu'à la côte et ne sont jamais employés par
les bijoutiers de l'intérieur : dans le Baoulé je ne les ai jamais ren-
contrés. Il se peut donc que les signes du zodiaque soient d'impor-
tation européenne, et je n'en parle que pour mémoire.

**Médecine et sorcellerie.** — Chez les Égyptiens, comme chez les
Baoulé, la médecine ne se séparait pas de la sorcellerie, et les amulettes et formules magiques avaient autant de succès, sinon plus, que
les médicaments extraits des végétaux.

La magie et les sciences occultes avaient atteint une importance
considérable dans l'ancienne Égypte ; l'art de prédire l'avenir y était
fort en honneur, ainsi que les sortilèges, envoûtements et incantations
au moyen desquelles on contraignait les dieux eux-mêmes à agir en
faveur de celui qui connaissait les phrases fatidiques.

Tout cela se retrouve dans le Baoulé et je ne serais pas éloigné
de croire que là aussi l'influence égyptienne s'est fait sentir.

J'ai connu un magicien baoulé fort coté qui se coupait la langue
et se la remettait ensuite dans la bouche ; un autre changeait du fer
en or et des perles de verre en corail : malheureusement son or re-
devenait fer et son corail verre entre les mains des non-initiés.

Par tout le Baoulé on consulte les rats pour connaître l'avenir : dans un pot contenant deux de ces rongeurs on introduit une écaille de tortue portant de petites tiges en os mobiles sur une charnière et on met un peu de grain sur ces tiges, préalablement bien alignées puis on pose aux rats la question qui vous tient à cœur : les rats, en mangeant le grain, dérangent les tiges, et suivant les dispositions qu'ont prises ces dernières, d'après un code dont j'ignore d'ailleurs la clef, on lit la réponse. On lit aussi l'avenir dans l'eau, et à l'aide de cordons de cuir qu'on agite et qui s'enchevêtrent les uns dans les autres.

Les envoûtements, sortilèges et incantations se pratiquent sur une grande échelle et sont la source de bien des procès et de bien des meurtres. La mort d'un notable n'est jamais attribuée à une cause naturelle, mais toujours à un sort jeté par un ennemi personnel du défunt, et le jeteur de sort, lorsqu'on a cru l'avoir découvert, est généralement contraint à absorber un poison.

§ 5. — RELIGION

C'est dans la religion et dans les rites funéraires que les traces de civilisation égyptienne au Baoulé sont le plus manifestes.

**Monothéisme.** — L'Égypte, ce pays aux mille dieux, était cependant monothéiste au fond de sa croyance : « Au sommet du Panthéon égyptien, dit Mariette, plane un Dieu unique, immortel, incréé, invisible et caché dans les profondeurs inaccessibles de son essence ; il est le créateur du ciel et de la terre ; il a fait tout ce qui existe et rien n'a été fait sans lui ; c'est le Dieu réservé à l'initié du sanctuaire. »

« Le dieu des Égyptiens, dit aussi M. Maspero, était un être unique, parfait, doué d'une science et d'une intelligence certaines, incompréhensible à ce point qu'on ne peut dire en quoi il est incompréhensible. Il est le « un unique, celui qui existe par essence, le seul qui vive en substance, le seul générateur dans le ciel et sur la terre qui ne soit pas engendré ; le père des pères, la mère des mères ». Toujours égal, toujours immuable dans son immuable perfection, toujours présent au passé comme à l'avenir, il remplit l'univers sans qu'image au monde puisse donner même une faible idée de son immensité ; on le sent partout, on ne le saisit nulle part. »

Mais la connaissance de ce Dieu unique était réservée aux savants, aux prêtres ; et comme on ne lui rendait pas de culte apparent, sa notion ne pénétra guère dans le vulgaire. Ses propres attributs,

personnifiés et honorés, devinrent les dieux visibles, dont l'art
d'une part, la différence d'origine des races qui composèrent le
peuple égyptien d'autre part, multiplièrent les images à l'infini (1).

Au Baoulé, dans ce pays dont la religion est qualifiée géréale-
ment de ce vocable absurde de « fétichisme », il en est absolument
de même. On y croit à l'existence d'un Dieu unique, immatériel —
c'est une âme, disent les indigènes — éternel et incréé, qu a fait
le ciel, la terre, les hommes et ces êtres intermédiaires entre Dieu
et l'homme que nous appelons des fétiches ou des dieux et qu'il
serait plus exact d'appeler des génies. Les Égyptiens n'ont pas de
nom pour désigner Dieu, ou du moins nous ne connaissons pas ce
nom, s'il existe. Les Baoulé l'appellent soit *Alouroua*, soit *Anan-
gaman*. Mais il s'en faut que tous les indigènes du Baoulé connaissent le nom ou même l'existence de ce Dieu : seuls les hommes
d'un certain âge en ont la notion exacte, qu'ils transmettent à leurs
enfants lorsque ceux-ci sont en âge de la comprendre.

Comme en Égypte, on ne rend pas de culte à Dieu : « Il est trop
au dessus de nous et trop différent de nous, disent les Baoulé ; il
ne nous comprendrait pas et nous ne le comprendrions pas. Il n'y
a que les Musulmans et les Blancs qui peuvent l'invoquer et entrer
en relation avec lui. »

**Génies.** — Les dieux de l'ancienne Égypte, les génies du Baoulé,
sont des êtres intermédiaires entre Dieu et l'homme ; ils peuvent
se passer d'un habitat matériel, mais ils peuvent aussi en revêtir
un. Cette demi-matérialité les rapproche de l'homme et permet à
ce dernier d'entrer en communication avec eux ; aussi il les invoque et leur offre des sacrifices, pour s'attirer leur bienveillance et
éloigner leurs colères.

Ces génies, en Égypte comme au Baoulé, sont en général les
forces de la nature ou les éléments divinisés, ou encore la réalisation de certaines forces ou influences dont le concours est nécessaire à l'homme.

Au dessus de tous les génies est une triade divine, mère de tous
les génies secondaires ; dans l'ancienne Égypte, c'était Osiris, Isis
et Horus ; dans le Baoulé, c'est *Nyamyé, Assyé* et *Assa-si-oua*.
Mais cette triade elle-même a été créée par Dieu, grâce au souffle
générateur de Ptha, le *Gou* du Baoulé.

Ptha, appelé aussi Totonem, le « père des dieux », était surtout
honoré à Memphis ; en fécondant une vache d'un rayon solaire, il

_____
(1) R. MÉNARD, *La Mythologie dans l'art ancien et moderne*. Paris, 1880, gr. in-8.

engendra Apis, le taureau sacré. Ptha est généralement représenté avec une tête humaine.

Apis n'est qu'une incarnation d'Osiris, qui personnifie le soleil qu'on ne voit pas, le soleil entre son coucher et son lever, et qu'on représente souvent avec une tête de bélier ; les noms et les attributs d'Osiris, le chef de la triade égyptienne, sont multiples. Il est identifié avec Ammon, le Ciel personnifié, qui lui-même devient Ra ou Ammon-Ra, le Soleil vivifiant, et Khem, le générateur. Enfin Ammon lui-même est souvent identifié avec Ptha, générateur d'Apis, et avec Apis lui-même, de sorte que tous ces dieux n'en font qu'un.

Osiris épousa sa sœur Isis, qui personnifie la Lune, et qui s'identifie avec Hathor ou la Terre, déesse à tête de vache, avec Maut, personnifiant tantôt la Nuit, tantôt la Voûte céleste, et avec Anouké, la femme du Ciel.

De l'union d'Osiris avec Isis naquit le troisième personnage de la triade, Horus, qui personnifie le Soleil levant, et qui s'identifie avec Khons, Imothep, et parfois avec son père Osiris ou Ammon-Ra ou même avec Ptha.

Osiris eut aussi des relations avec son autre sœur Nephthys et de ces relations naquit Anubis, le dieu à tête de chacal, qui s'identifie parfois avec Thot, le dieu à tête d'ibis ou de cynocéphale.

Je m'en tiendrai à ces divinités principales : nous allons les retrouver toutes, peu modifiées, en somme, dans la mythologie baoulé.

*Gou*, le Ptha des Baoulé, représenté à l'aide d'un masque à figure humaine (voyez fig. 7 et 8), reçoit du Dieu créateur une partie de sa force et anime le Ciel et la Terre pour leur faire engendrer le Soleil, la Lune et divers autres génies.

*Nyamyé* ou *Nyamné*, le Ciel personnifié, répond à l'Osiris et surtout à l'Ammon des Égyptiens (1). Il s'identifie d'ailleurs avec *Senzé*, le soleil disparu à l'horizon, qui est l'exact pendant d'Osiris. Dans les danses religieuses, Nyamyé est représenté à l'aide d'un

---

(1) La racine de ce mot est *myé* ou mieux *mné* (*nya* est un préfixe qui veut dire « regarde », parce que le Ciel « regarde » ce qui se passe sur la Terre). Peut-être n'est-ce pas trop s'aventurer que de voir dans *mné* la même racine que dans *Ammon* ; cette racine reparaît dans *moné*, nom du dimanche, jour consacré au ciel, et dans *Amon*, nom donné parfois aux hommes nés le dimanche à la place de *Koua-mé*, qui est le nom régulier (*koua* est un préfixe) ; les femmes nées le même jour reçoivent le nom d'*Amoui*. — A noter en passant que *rana* signifie « soleil » et « jour » en haoussa, *ra* ou *la* « jour » en achanti, et enfin *lé* « jour » en baoulé.

masque de bélier (comparez à l'Ammon à tête de bélier) et prend
alors le nom de *Boua-noné*. Comme Osiris, Nyamyé préside à la
vie future, récompense les bons et punit les méchants.

*Assyé* ou *Assassi*, la Terre personnifiée, répond à l'Isis et surtout
à l'Hathor des Égyptiens. Elle forme avec Nyamyé la base de la
triade, le couple d'où sont sortis les autres génies. C'est par
*Nyamyé* et *Assyé* que l'on prête serment (1).

De l'union de Nyamyé avec Assyé, du Ciel avec la Terre, naquit

Fɪɢ. 12. — Bas-relief religieux d'Assoumvoué (bas-Baoulé).

*Assassi-oua* (c'est-à-dire « fils de la Terre »), qui forme le troisième
personnage de la triade et qui répond à l'Horus égyptien. Ce dernier est représenté souvent sous la forme d'un enfant, soit seul,
soit allaité par sa mère Isis (bas-relief de Philæ), ou lui prenant la
main (bas-relief d'Hermonthis) ; de même Assassi-oua, envoyé par
le Ciel sur la terre pour préparer le déluge, s'y est présenté sous la
forme d'un enfant ; de même aussi, sur certains bas-reliefs, il est
représenté allaité par sa mère la Terre ; sur d'autres, sa mère le

(1) Dans *Assyé* ou *Asasi* on peut retrouver la racine du mot *Isis* ; on la retrouve
encore dans *kessyé*, nom du lundi, jour consacré à la Terre, dans *Koua-si* et *Ake-si*,
noms donnés, le premier aux garçons, le second aux filles, qui naissent un lundi.

tient par la main, comme sur un bas-relief à sujets religieux que j'ai relevé à Assoumvoué (fig. 12).

*Assassi-oua* est identifié aussi avec *Ua*, le Soleil, qui répond à

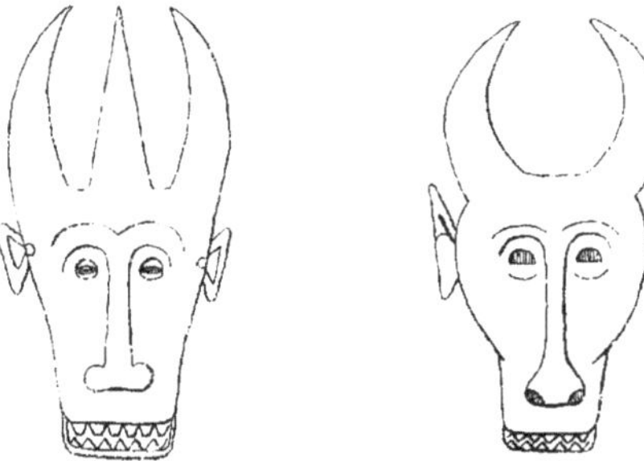

Fig. 13. — Masque de Kaka-Guié.     Fig. 14. — Autre masque de Kaka-Guié.

**Horus** incarné dans le Soleil levant, et avec *Assyé-Boussou* (Boussou, fils d'Assyé ou de la Terre), appelé aussi *Kouamnanbo*, génie de l'agri-

Fig. 15. — La vache Hathor (groupe de Psamitik).

culture qu'on représente à l'aide d'un masque de taureau, et qui répond au bœuf Apis, ce dernier étant aussi le dieu de l'agriculture.

Quelquefois aussi le fils du Ciel et de la Terre est identifié avec *Gou*, de même que Horus est parfois identifié avec Ptha.

Le Ciel et la Terre ont également une fille, *Sara* ou *Nyamyé-ba* ; c'est la Lune personnifiée, répondant à Isis-Lune.

De même qu'Osiris eut des relations avec Nephthys, *Nyamye* eut, en outre d'Assyé, une seconde femme, *Ago*. De cette union naquirent *Kaka-Guié* et *Gbèkrè*.

*Kaka-Guié*, qu'on représente à l'aide d'un masque de bœuf à deux cornes (fig. 14) ou à trois cornes (fig. 13), et qui préside aux funérailles et à l'ensevelissement des momies, répond à l'Anubis des Égyptiens ; seul l'attribut a changé ; ignorant le chacal, les Baoulé ont incarné ce génie dans le bœuf. La troisième corne dont il est parfois orné tire peut-être son origine de l'attribut royal qu'on trouve souvent sur la tète du bœuf Apis, entre ses deux cornes, et aussi sur la tète de la vache Hathor (fig. 15). Comme Anubis, Kaka-Guié est chargé de guider les âmes dans la vie future et de les conduire à Nyamyé. Dans les cérémonies consacrées à son culte, on fait claquer des fouets spéciaux, qui rappellent le fouet, attribut d'Osiris et du bœuf Apis. Des masques de Kaka-Guié sont représentés sur la gauche du bas-relief d'Assoumvoué (fig. 12).

*Gbèkrè* est le dieu cynocéphale, l'analogue du Thot égyptien. Comme lui il a mission de châtier les âmes coupables dans l'autre monde, mais il sert surtout à conseiller les hommes dans les circonstances difficiles et à jeter des sorts sur les ennemis.

Ce simple aperçu permettra de voir combien la mythologie baoulé serre de près la mythologie égyptienne. Il montre aussi combien les Baoulé, comme les Égyptiens, affectionnent pour leurs divinités la représentation animale : parmi les génies secondaires du Baoulé il en existe un, *Zamlé*, qui a une tète d'antilope à longues cornes (voir son masque sur la droite du bas-relief d'Assoumvoué (fig. 12) ; un autre, *Frété*, a une tète d'antilope à petites cornes ; un autre *Gbogro-Kofi*, a une tète d'hyène, etc.

## § 6. — RITES FUNÉRAIRES ET CULTE DES MORTS

**Immortalité de l'âme.** — Le véritable fondement de la vie religieuse des Égyptiens était la croyance à l'immortalité de l'âme. L'homme, pour eux, comprenait quatre parties : le corps, puis le double ou *ka*, image demi-matérielle du corps, ensuite l'âme ou *baï* que l'imagination populaire se représentait sous la forme d'un oiseau, et enfin le lumineux ou l'intelligence (*khou*), étincelle de divinité éclairant l'âme.

« Aucun de ces éléments, dit M. Maspero, n'était impérissable par nature ; mais, livrés à eux-mêmes, ils n'auraient pas tardé à se dissoudre et l'homme à mourir une seconde fois, c'est-à-dire à tomber dans le néant. La piété des survivants avait trouvé le moyen d'empêcher qu'il en fût ainsi. Par l'embaumement, elle suspendait pour les siècles la décomposition des corps ; par la prière et par l'offrande, elle sauvait le double, l'âme et le lumineux de la seconde mort, et elle leur procurait ce qui leur était nécessaire à prolonger leur existence. Le double ne quittait jamais le lieu où reposait la momie. L'âme et le lumineux s'en éloignaient pour suivre les dieux, mais y revenaient sans cesse, comme un voyageur qui rentre au logis après une absence. »

Après la mort, l'âme comparaissait devant Osiris : si le dieu la trouvait juste et pieuse, elle revenait habiter son corps, ou, à la suite d'épreuves diverses, parvenait à la félicité dans le sein de la divinité ; dans le cas contraire, après plusieurs périodes de tourments, elle disparaissait dans le néant.

Au Baoulé, nous retrouvons la même croyance, source des mêmes coutumes. L'homme se compose du corps (*ounè*), du double (*oumyé*), qui a encore une demi-matérialité et qui est le support que revêt l'âme des revenants, puis l'âme (*oua-ouè*) : le mot par lequel les Baoulé traduisent « âme » signifie « papillon » ; ils ont voulu ainsi donner une idée de l'immatérialité de ce principe. L'idée de la quatrième partie, le lumineux ou l'étincelle divine, ne me paraît pas avoir pénétré au Baoulé : on s'en tient au corps, au double et à l'âme.

Le corps, on le préserve de la pourriture en l'embaumant et en le desséchant, comme en Égypte. Pour que le double soit heureux dans son autre vie, on lui donne de l'or, on lui apporte du sang, des viandes, de la boisson ; on immole des esclaves pour qu'ils continuent à le servir par delà la mort. On dispose des sièges, des statuettes, des objets divers, dans lesquels l'âme pourra venir habiter à défaut de son corps. Car cette âme continue à s'intéresser à ce qui se passe chez les vivants, elle est toujours présente, on l'invoque, son influence se fait sentir. Lorsqu'elle est fatiguée de s'occuper des choses de la terre, guidée par Kaka-Guié, qui a déjà présidé à l'ensevelissement du corps, elle va se reposer dans le sein de Nyamyé, le Ciel.

Mais si l'âme est celle d'un homme injuste ou, si après la mort, elle a été insultée ou négligée, elle continue à errer malheureuse sur la terre, sans pouvoir se fixer nulle part, et finit par être anéantie.

Il m'a été donné d'assister une fois à Toumodi à une scène qui démontre bien chez les Baoulé la croyance à une âme immatérielle mais dont l'union avec le corps est nécessaire pour produire ou maintenir la vie. Un chef nommé Guié-Nyangoué était malade depuis quelque temps. Une sorcière consultée déclara qu'un nommé Nda, ennemi du malade, avait réussi, par des incantations, à faire sortir l'âme de Guié-Nyangoué de son corps et à la remettre entre les mains d'un génie qui l'avait enfermée dans une boîte. Il fallait faire rentrer l'âme sans plus tarder dans son domicile naturel, sans quoi le corps, privé de son âme, allait mourir. Deux hommes prirent alors le pagne du malade, et la sorcière, par des contre-incantations, cherchait à arracher l'âme aux mains du génie et à la faire entrer dans le pagne. Au bout d'un assez long temps, pendant lequel les deux hommes qui tenaient le pagne suaient et soufflaient comme s'ils avaient eu réellement à lutter avec une force supérieure, la sorcière déclara que l'âme était dans le pagne : aussitôt on roula celui-ci et on courut en entourer le malade, de façon à ce que son âme réintégrât son corps.

**Soins donnés aux cadavres.** — Dans le Baoulé, aussitôt que la mort est constatée, les parents du défunt et ses amis, hommes et femmes, viennent dans la chambre mortuaire se livrer à de bruyantes lamentations. Mais, sauf s'il s'agit de quelqu'un de basse condition ou encore à moins qu'avant sa mort le défunt n'ait manifesté le désir d'être enterré sans retard, ce qui arrive quelquefois, l'enterrement n'a pas lieu avant un laps de temps qui varie de sept mois à sept ans et plus. La période de sept ans est celle qui convient le mieux aux chefs. Il faut donc faire subir au corps une préparation qui lui permette d'attendre, car, tant que l'enterrement n'a pas eu lieu, le cadavre reste étendu dans la chambre où a eu lieu le décès, ce qui n'empêche pas les chambres voisines d'être habitées et les membres de la famille de veiller le mort à tour de rôle.

Généralement, on ouvre l'abdomen après le décès, on retire les intestins, on les lave avec du vin de palme ou de l'alcool européen, puis on introduit dans la cavité abdominale de l'alcool et du sel, on replace les intestins et on recoud. Puis on bouche tous les orifices avec des tampons de coton et, dans les familles riches, avec de la poudre d'or. Quelquefois, on étend des plaques d'or sur la bouche, les yeux, les oreilles et les narines ; puis on pare le cadavre

de ses bijoux, on le recouvre d'un pagne et on le laisse, couché sur
la natte où il est mort.

Pendant les trois premières semaines, il se dégage une odeur
nauséabonde à laquelle on remédie tant bien que mal, en brûlant
alentour des herbes à fumée odorante. Ensuite l'odeur s'atténue
pour disparaître bientôt tout à fait : la corruption, sous l'influence
de l'air et de la chaleur, a cessé pour faire place à la dessiccation, et
au bout de deux mois, sans autre préparation, sans qu'il soit besoin
de bandelettes, le cadavre présente absolument l'aspect bien connu
des momies égyptiennes. J'ai été à même d'étudier ces transforma-
tions lors du décès de Nyango-Kouassi, chef de Toumodi, qui est
resté exposé sept mois dans la chambre mortuaire avant l'enterrement.

On ne peut pas ne pas reconnaître une analogie frappante entre
cette coutume de conserver les corps et la préparation des momies
telle qu'elle se faisait dans l'ancienne Égypte. Voici, d'après Hérodote, comment les Égyptiens procédaient à l'embaumement des cadavres : « D'abord, ils tirent la cervelle par les narines, en partie
avec un ferrement recourbé, en partie par le moyen des drogues,
qu'ils introduisent dans la tête ; ils font ensuite une incision dans le
flanc avec une pierre d'Éthiopie tranchante ; ils tirent par cette ouverture les intestins, les nettoient et les passent au vin de palmier ;
ils les passent encore dans des aromates broyés ; ensuite, ils rem-
plissent le ventre de myrrhe pure broyée, de cannelle et d'autres
parfums, l'encens excepté ; puis ils le recousent. Lorsque cela est
fini, ils salent le corps en le couvrant de natron pendant soixante-dix
jours. Il n'est pas permis de le laisser séjourner plus longtemps
dans le sel. Ces soixante-dix jours écoulés, ils lavent le corps et
l'enveloppent entièrement de bandes de toile enduite de gomme
arabique. »

**Fêtes funéraires.** — Les fêtes funéraires, dans le Baoulé, commencent dès l'annonce officielle du décès, qui a lieu en général
quelques jours après le décès réel, plus longtemps s'il s'agit d'un
personnage considérable. Ces fêtes durent plusieurs mois, souvent
un an. Pendant l'année qui suit le décès, les parents du mort portent le deuil : pour les veuves, le deuil consiste à ne porter, en guise
de vêtements, qu'une poignée de fibres de bananier sur les parties
sexuelles ; les frères et les fils laissent pousser leurs cheveux, ne
portent que des pagnes d'écorce ou des tissus vieux et usés et s'abs-
tiennent de tout aliment cuit depuis le lever jusqu'au coucher du
soleil. Fort souvent, cette période de deuil est réduite à six mois et

même à trois mois, sauf pour les veuves, pour lesquelles elle est toujours d'un an; au bout de l'année, elles recommencen. à porter des pagnes et des bijoux et peuvent se remarier.

Si l'enterrement a lieu plusieurs années après le décès, les fêtes funéraires recommencent quelque temps avant l'enterrement et se terminent quelque temps après.

Ces fêtes funéraires consistent à venir de partout à la ronde honorer le défunt par des lamentations et des coups de fusil. Ce sont les plus animées et, je dois dire, les plus joyeuses de toutes les fêtes auxquelles se livrent les Baoulé. Le vin de palme y coule à flots, aux frais de l'héritier qui est obligé d'abreuver et de nourrir tous les amis qui viennent honorer les mânes de son parent.

Généralement tous les gens d'un village, hommes et femmes, viennent à la fois, les hommes couverts de leurs coiffures et de leurs peintures de guerre, le large poignard suspendu à l'épaule par un baudrier en peau de panthère, la cartouchière autour des reins et le fusil à la main; les femmes parées de leurs bijoux, bracelets, anneaux de jambe, temporaux, pectoraux et couvre-seins; les chefs munis de leur sabre de parade, de leur bâton et de leur sonnette d'appel, et précédés de tambours et d'oliphants.

La bande annonce son arrivée par quelques salves tirées avant de pénétrer dans le village du défunt. Puis, déposant leurs fusils, tous s'avancent en silence vers la case du défunt et pénètrent dans la chambre mortuaire : aussitôt entrés, ils éclatent tous à la fois en gémissements et en lamentations, puis les chefs déposent des poulets blancs et des légumes pour le mort; tout le monde sort, on va reprendre les fusils, et la bande défile autour de la place du village, les guerriers d'abord, les femmes ensuite, les chefs les derniers, saluant de la voix et du geste les habitants du village assemblés, tandis que les grands tambours résonnent déjà : ils ne cesseront pas de résonner pendant toute la journée.

Une fois les salutations faites, les chefs visiteurs vont s'asseoir en un coin de la place, face à la famille du mort, et les guerriers commencent à se livrer à une fantasia échevelée, courant, sautant, tirant des coups de feu, isolés ou par groupes, tandis que les femmes les suivent en les excitant d'un chant rapide et monotone, armées de mouchoirs pour étancher la sueur qui coule du visage des guerriers.

Lorsque la provision de poudre apportée est épuisée, les guerriers vont s'asseoir, et les habitants du village courent en chantant chercher des feuilles. Puis ils se rendent à la case du mort et en ressortent suivis des femmes, filles, sœurs et fils du défunt, portant tous ses attributs : son ou ses sabres à poignée dorée, son chasse-mouches, son poignard, son fusil, son gobelet, la cruche qui lui servait d'habitude, sa canne de commandement, et enfin son tabouret, entouré d'un pagne, qui, pour la circonstance, est censé être habité par l'âme du défunt ou son double : aussi la femme qui porte ce tabouret donne-t-elle tous les signes d'une grande agitation morale, trébuchant à chaque pas, dodelinant de la tête, écumant même parfois, les yeux hagards, à bout de souffle.

Tout ce monde s'organise en procession à la file indienne, les en-

Fig. 16. — Scène des remerciements aux funérailles du chef Aboua-Pokou
(Moyen Baoulé).

fants les premiers, puis les hommes faits, puis les notables, ensuite les parents du mort, son héritier le dernier ; derrière celui-ci viennent les porteurs et porteuses d'insignes, et enfin, l'âme du défunt, incarnée dans son tabouret. Ce sont les remerciements à l'adresse des étrangers qui sont venus brûler de la poudre. Aux sons bien rythmés des tambours, tous ces hommes, qui forment parfois une file de deux cents mètres de long, exécutent tous à la fois, avec un ensemble parfait, une espèce de pas de ballet, tout en déposant en mesure quelques feuilles aux pieds des étrangers (fig. 16). Lorsque toute cette procession a défilé, le tabouret du mort, semblant guider la femme qui le porte, vient tomber dans les bras du chef des étrangers, voulant ainsi lui exprimer sa reconnaissance.

Pendant ce temps-là l'héritier du défunt a disparu un instant. Lorsqu'il reparaît, tous ses parents se précipitent à sa rencontre et l'entourent, l'un d'eux le soulève sur ses épaules, et les autres, se serrant contre lui, semblent le porter en triomphe; pendant qu'il frappe sur sa sonnette d'appel, son sabre de parade sous le bras, ses parents s'avancent en chantant et en piétinant et l'amènent ainsi auprès du chef des étrangers. Alors l'héritier saute à terre, tombe à genoux, saisit le pied droit du chef des étrangers et le pose sur sa propre tête; puis il se relève d'un bond, et pointant droit son sabre entre les deux yeux du chef étranger, à quelques millimètres de sa figure, il lui prête le serment de fidélité.

Au cas où le chef étranger aurait moins d'importance que l'héritier du défunt, c'est lui qui prêterait le serment, avec le même cérémonial.

La fête funéraire proprement dite est alors finie. L'héritier du mort fait distribuer des vivres et du vin de palme aux étrangers, et sur la place des danses et des farandoles s'organisent qui dureront jusque fort avant dans la nuit.

Telles sont ces fêtes funéraires qui recommencent chaque fois qu'un groupe d'étrangers amis ou de voisins vient rendre ses devoirs au défunt, et qui coûtent à l'héritier une bonne partie de son héritage.

Elles s'accompagnent assez souvent de sacrifices humains. Des esclaves, choisis parmi les vieux et les infirmes ou parmi ceux dont on a eu à se plaindre, sont immolés pour aller dans l'autre vie continuer leurs services au défunt. Leur sang arrose le tabouret sacré et les statuettes funéraires, leurs têtes sont coupées et conservées pour caler le sarcophage dans le caveau, lors de l'ensevelissement.

Les bas-reliefs et les peintures de l'ancienne Égypte nous montrent des fêtes et des processions analogues à celles que je viens de décrire. Les pleureurs et pleureuses y faisaient entendre leurs lamentations; on ne brûlait pas de poudre, évidemment, mais ou apportait des offrandes et on chantait des hymnes; les remerciements et le serment de fidélité se passaient à peu près de même, tout se terminait par des danses, et aussi par des sacrifices humains (1).

**Sarcophages.** — Les cercueils de l'ancienne Égypte n'ont pas toujours eu la forme humaine. Aux temps de l'Empire memphite et du

---

(1) Maspero, *op. cit.* — G. Le Bon, *Les premières civilisations.* Paris, 1889, in-4.

Premier Empire thébain, on ne rencontre guère que de grandes
caisses rectangulaires à couvercle et à fond plats. Étant la maison
propre du mort, le cercueil devait présenter sur ses faces un résumé
des prières et des tableaux qui s'espaçaient sur les murs de la tombe
entière. Comme les parois de la tombe, le cercueil était souvent
orné de peintures tirées du *Livre des morts* et représentant des
scènes mortuaires : telle la vignette représentant la momie d'Hou-

Fig. 17. — Offrandes à la momie d'Hounofir (Livre des Morts).

nofir debout devant le tombeau, soutenue par Anubis, tandis que
des femmes pleurent sur elle et que des hommes lui présentent des
offrandes (fig. 17). Plus tard on s'avisa de donner au cercueil l'aspect général du corps humain et la momie servit de modèle à son
enveloppe : le mort fut enveloppé dans une sorte de statue de lui-
même; ailleurs il était étendu sur sa tombe, et la figure, sculptée
en ronde-bosse, servait de couvercle à la momie. Plus tard encore
les sarcophages se composèrent de plusieurs cercueils s'emboîtant

les uns dans les autres, les boîtes intérieures peintes et ornées
luxueusement, avec des dorures et des émaux, la boîte extérieure
le plus souvent en pierre.

Les cercueils baoulé sont une sorte de compromis entre la première et la deuxième manière égyptiennes. Ils sont rectangulaires,
généralement en acajou et taillés dans un seul bloc de bois patiem-
ment évidé. Les parois sont recouvertes de bas-reliefs polychromes

Fig. 18. — Couvercle du cercueil de Nyango-Kouassi, chef de Toumodi
(Moyen Baoulé).

à la pointe représentant en général des animaux divers. Seul le couvercle a des tendances artistiques. Celui dont le croquis se trouve
ici (fig. 18) peut passer pour le type du genre : il avait été confec-
tionné pour la momie de Nyango-Kouassi, chef de Toumodi, mort
en 1895. Étendu sur une peau de léopard est un haut-relief représentant le défunt lui-même : la peau de léopard est figurée par des
creux et des reliefs; la figure de Nyango-Kouassi comme tous les

autres détails ont été sculptés à même le bloc qui a servi à faire le couvercle. En haut du défunt, on a figuré un parasol et une cartouchière ; à sa gauche, un gobelet et le sabre de parade à poignée dorée ; à sa droite, un poignard et un fusil ; à ses pieds enfin, on a figuré une femme lui présentant du pain sur un plat, et à côté, une tête de mort. Cette tête de mort, d'après l'explication que m'a fournie l'artiste lui-même, représente les esclaves que, d'après la coutume, on aurait dû sacrifier aux mânes du défunt, mais que l'on n'avait pu sacrifier parce que je m'y étais opposé.

Tous ces détails sentent leur origine égyptienne : la figuration du mort lui-même sur son cercueil, la représentation de ses attributs, des offrandes qui lui sont faites et enfin des *répondants* destinés à l'aider dans l'autre monde, tout cela rappelle les cercueils égyptiens et les peintures qui ornent leurs parois, telle que la peinture représentée à la figure 17.

Au Baoulé comme autrefois en Égypte, on orne la momie de bijoux d'or avant de la mettre dans le cercueil, ainsi que d'amulettes diverses. Mais la rapacité et l'avarice des Baoulé sont telles que souvent on ne dépose les bijoux dans le cercueil que pour obéir à la tradition, et, avant de fixer le couvercle, on les retire. Les indigènes donnent de cela deux raisons, toutes deux excellentes : d'abord si on mettait sur leurs momies tout l'héritage des morts, il ne resterait rien aux vivants ; ensuite des gens avides pourraient être tentés de profaner les sépultures s'ils savaient y trouver de l'or en grandes quantités.

**Tombeaux.** — Le tombeau égyptien, véritable maison du mort, était construit d'après un plan répondant à la conception qu'on se faisait de l'autre vie, et comprenait trois parties : extérieurement, d'abord la *chapelle funéraire*, salle d'audience du double où les prêtres et les parents venaient apporter leurs souhaits et leurs offrandes ; le *serdab*, ou couloir conduisant de la chapelle au caveau ; et enfin le *caveau* ou tombe proprement dite, renfermant le cercueil et formant les appartements privés de l'âme.

La manière dont ces trois parties étaient disposées variait selon l'époque, la localité, la nature du terrain ; parfois même la chapelle funéraire et le caveau étaient construits en des endroits différents, mais ces variantes sont des variantes de détails.

C'est dans la chapelle funéraire qu'on célébrait les sacrifices aux jours prescrits, c'est-à-dire au commencement de l'année et des saisons, à l'anniversaire du décès, à certains jours de la semaine ou du mois, etc. Une table était disposée pour recevoir les offrandes,

à côté de statues ou de peintures représentant le défunt : on y dépo-
sait les mets et les boissons que le double était censé manger une
fois les vivants partis.

Pour éviter le souci de renouveler constamment ces offrandes,
on imagina de les dessiner sur les murs de la chapelle, comme les
Baoulé les sculptent sur le couvercle du cercueil.

Le *serdab* ou couloir était censé faire communiquer la chapelle
avec le caveau et permettre au double de passer de l'un dans l'autre,
mais dans la pratique il était séparé de la chapelle par un mur.
Parfois un orifice, ménagé dans ce mur, servait aux prêtres qui
venaient y murmurer des prières et y brûler des parfums.

C'est dans le *serdab* qu'on enfermait les statues du défunt : le
double y venait habiter aussi bien que dans la momie. On y joignait
aussi les statues de sa femme, de ses enfants, de ses serviteurs.

Le caveau était creusé généralement au-dessous de la chapelle :
pour y descendre le cercueil, on creusait un puits perpendiculaire
dont la profondeur variait entre 3 et 30 mètres. Au fond de ce puits
s'ouvrait un couloir bas et horizontal donnant accès au caveau. Là
on plaçait le sarcophage renfermant la momie, et, près de lui, des
vases à parfums, des gobelets renfermant des liqueurs, de grandes
jarres pour l'eau, des tablettes, des sièges. Après avoir scellé la
momie dans la cuve qui l'attendait, les ouvriers dispersaient sur le
sol des quartiers du bœuf qu'on venait de sacrifier et les corps ou
les têtes des esclaves qu'on venait d'égorger ; puis ils muraient l'en-
trée du couloir et remplissaient le puits jusqu'à son orifice avec des
pierres et de la terre ; le tout, arrosé largement, se transformait en
un béton presque impénétrable.

Sous les dynasties thébaines on augmenta le nombre des meubles
et objets placés dans le caveau et surtout on y jeta à profusion des
petites statuettes en pierre, en bois, en émail qui remplaçaient et
représentaient les esclaves autrefois sacrifiés, et, comme ces derniers, étaient censées aider le défunt dans ses travaux. (A comparer
avec la tête de mort figurée sur le cercueil du chef baoulé Nyango-
Kouassi.)

Pour les gens de basse condition, la sépulture était plus simple :
on les enterrait n'importe où, souvent dans des fosses communes ou
dans des fissures naturelles de la montagne. Le cercueil était remplacé communément par des branches de palmier liées en forme de
bourriche, et le cadavre était déposé à quelques pieds seulement de
la surface du sol. On enfouissait avec lui des sandales, un bâton de
voyage, des bagues de faïence, des colliers de perles de verre bleu,

et surtout des cordes roulées autour des membres et destinées à préserver le corps des influences magiques.

Maintenant que nous avons vu ce qu'étaient les tombeaux dans l'ancienne Égypte, voyons ce qu'ils sont dans le Baoulé. Le principe de la construction est le même : il y a toujours la chapelle funéraire, le *serdab* et le caveau, mais tout cela est simplifié. La chapelle funéraire est généralement une chambre ouverte située dans la case du défunt ; assez souvent c'est la chambre même où il est mort. La table à offrandes n'existe plus, mais par contre on trouve toujours le tabouret sacré où le double vient s'asseoir de temps en temps : c'est sur ce tabouret qu'on offre les sacrifices, on l'arrose du sang des bœufs, des moutons ou des poulets sacrifiés, et, avec ce sang, l'on y colle des touffes de poils ou des paquets de duvet provenant des victimes. A côté du tabouret se trouvent généralement un ou plusieurs paniers remplis de terre et de plumes, le tout amalgamé avec du sang coagulé et des œufs écrasés : comme le tabouret, ces paniers servent à incarner momentanément le double ou l'âme du défunt ; c'est sur eux que l'on prête serment lors des contestations judiciaires ; on les sort alors de la chapelle et on les y replace lorsque le serment est prêté : durant le trajet au dehors, l'homme qui les porte est précédé d'un parent du mort qui agite un grelot ou une sonnette sacrée.

Le *serdab* existe parfois sous la forme d'un réduit obscur, séparé de la chapelle par une cloison ; d'autres fois c'est un coin de la chapelle ou une chambre voisine qui en tient lieu. Là aussi sont des tabourets et des paniers sacrés, puis les attributs du mort : son fusil, son chasse-mouches, son bâton, son gobelet, son sabre à poignée dorée, sa sonnette d'appel, et enfin les statuettes représentant le mort ou ses parents. Comme le tabouret, la statue du mort est arrosée avec le sang des victimes et avec des libations de vin de palme.

Le caveau est creusé généralement, comme en Égypte, sous la chapelle ou le *serdab*. Le mode de construction est le même : on creuse un puits vertical de 2 à 5 mètres de profondeur, et à son extrémité inférieure s'ouvre une galerie horizontale dans laquelle on glisse le cercueil : ce dernier est calé avec les têtes des esclaves sacrifiés, puis arrosé avec du vin de palme ou de l'alcool. Ensuite l'orifice de la galerie et le puits vertical sont bouchés avec de la terre que l'on piétine jusqu'à ce qu'elle forme un bloc résistant. Le génie à masque de bœuf, Kaka-Guié, assiste à cette cérémonie, assis sur le cercueil, jusqu'à ce que celui-ci ait été descendu dans la galerie.

Parfois la chapelle funéraire et le caveau sont chacun dans une case différente. D'autres fois, surtout dans le nord du Baoulé, les tombeaux sont tous dans certains villages, véritables nécropoles qui portent le nom de *Sakassou* (cimetière). En certaines régions, enfin, on enterre les morts de médiocre condition en dehors des villages, dans la brousse, et le cercueil est remplacé, comme en Égypte dans le même cas, par une sorte de fourreau en feuilles de palmier.

Comme en Égypte, les hommes célèbres sont divinisés après leur mort, on leur rend un véritable culte, ce sont même les seules divinités auxquelles on rende un culte proprement dit. Un mort, même obscur, devient après sa mort un génie familial, une sorte de dieu lare. L'insulte adressée à un mort est beaucoup plus grave qu'adressée à un vivant et elle est punie des plus fortes amendes. Dans la vallée du Bandama, comme jadis sur les bords du Nil, c'est le monde souterrain qui dirige et explique le monde vivant à la surface, et ce monde qu'on ne voit pas, auquel le voyageur de passage ne prête pas d'attention, est un monde immense qu'il faut connaître si l'on veut comprendre celui qui s'agite au-dessus de lui.

### § 7. — SÉPULTURES ANTIQUES A LA CÔTE D'IVOIRE

Depuis le xviie siècle au moins, tous les voyageurs européens qui ont abordé à la Côte d'Ivoire ou à la Côte d'Or ont remarqué des perles de verre cylindriques, d'un bleu verdâtre, que les indigènes disaient extraites des terres de l'intérieur et qu'ils se vendaient entre eux au poids de l'or. Il était bien certain que ces perles n'étaient pas d'origine européenne; on les crut longtemps des pierres précieuses taillées par les indigènes. Lors de mon arrivée dans le Baoulé en 1894, ces perles m'intriguaient fort; les renseignements que j'obtins des indigènes à leur sujet étaient vagues : « On les trouve dans la terre en creusant des trous, comme l'or » était l'unique réponse faite à toutes mes questions. Il fallut que le hasard d'une tournée me conduisît, au début de 1897, précisément sur l'un des points d'où on les extrait, pour que je visse enfin clair dans cette question.

**La Montagne des Perles.** — A une trentaine de kilomètres au nord du poste de Toumodi, dans le massif de Bokabo, et dominant le village ouarèbo de Guiangomènou, se trouve une montagne ou plutôt une colline d'accès facile que les indigènes nomment *Afré-Boka* (Montagne des Perles) ou *Ouoryé-Boka* (Montagne des

Ouoryé) (1). C'est du sommet de cette montagne que les gens de la région extraient ces fameuses perles de verre que l'on va vendre au loin et qui se paient jusqu'à 30 francs et plus la pièce.

J'ai fait l'ascension de cette colline. Elle ne présente rien de particulier, sinon qu'à mi-hauteur à peu près est disposé une sorte d'autel de pierre, formé d'un bloc grossièrement taillé, présentant une rigole pour l'écoulement du sang, et sur lequel on offre des sacrifices propitiatoires à la montagne avant d'entreprendre l'extraction des perles. Cette montagne en effet a été divinisée par les Baoulé et ils craindraient son courroux s'ils ne lui offraient un mouton avant de s'y aventurer. Lorsque je voulus la visiter, bien que ce ne fût pas au moment de l'extraction des perles (2), le chef de Guiangomênou fit sacrifier un mouton et le prêtre de la montagne invoqua cette dernière par trois fois, en l'avertissant que je n'avais aucune mauvaise intention et en la priant en conséquence de ne pas se fâcher de ma visite. La montagne ne répondit pas, mais ces explications durent la satisfaire, car elle ne se fâcha pas.

Sur le sommet, on reconnaît très facilement, à des pourguères qui ont poussé là et à des restes de terre battue, qu'il a dû y avoir autrefois des habitations ou des constructions, très probablement d'un type analogue à celui des constructions baoulé. En tout cas les vieillards de Guiangomênou m'ont affirmé que, d'après les traditions qu'ils se lèguent de père en fils, aucun village n'existait sur cette montagne lorsque leurs ancêtres vinrent s'établir dans le pays, il y a un siècle et demi environ; que les noirs qui alors habitaient la région et qui furent soumis par les envahisseurs achanti, ancêtres des gens de Guiangomênou, affirmaient n'avoir jamais connu de village sur la colline. Or, comme il est hors de doute, je le répète, qu'il y a eu là, sinon un village, au moins des constructions faites de main d'homme, il faut admettre que les auteurs de ces constructions étaient antérieurs aux autochtones qui furent soumis vers 1750 par les Achanti; on pourrait faire remonter ces constructions au plus tôt au XIVe siècle.

S'il n'est pas sûr qu'un village ait jamais existé sur la colline Afré-Boka, il est en tout cas absolument certain qu'il y a eu là une nécropole. Il est très difficile d'avoir une idée de l'agencement des tombeaux qui y avaient été construits : depuis plusieurs généra-

---

(1) *Ouoryé* est le nom donné aux perles de verre en question.

(2) On n'extrait les perles qu'après les premières pluies pour qu'il soit plus facile de creuser le sol.

tions, depuis qu'un noir passant là par hasard a découvert que ce
sol cachait une vraie mine de perles taillées, le sol a été fouillé et
retourné de fond en comble : on trouve bien des ossements partout,
mais ils sont brisés, mélangés, et au contact de l'air et de la pluie
la plupart se sont désagrégés ; de même pour les fragments de
poteries, qui sont si menus que leur étude ne peut mener à rien.
Cependant il n'en a pas toujours été ainsi et des indigènes dignes
de foi m'ont affirmé avoir vu des squelettes presque entiers, portant
au cou, aux bras et aux chevilles des colliers de perles de verre,
des anneaux de bronze et des bijoux d'or. J'ai pu constater pour
ma part que si les perles s'y font de plus en plus rares, on en trouve
encore un certain nombre, ce qui prouve qu'il a dû y en avoir des
quantités énormes.

On se trouve donc là, sans aucun doute, en présence de sépultures antiques d'origine inconnue, antérieures non seulement aux
possesseurs actuels du sol, mais même aux autochtones qui les ont
précédés.

La Montagne des Perles n'est pas le seul endroit où l'on rencontre
ces sépultures. On m'en a signalé plusieurs autres dans le bassin de
la rivière Tano ou Tanoé, près de la frontière anglo-française,
probablement dans le massif montagneux du Sahué : ce sont ces
dernières qui alimentent en perles *ouoryé* la Côte d'Or anglaise, et
c'est sans doute leur situation proche de la Tano qui a fait dire à
quelques Européens que ces perles provenaient de pierres précieuses se trouvant dans le lit de cette rivière.

*La légende des fils du Ciel.* — Ignorant l'origine des morts enterrés
sur la colline de Guiangomènou, sentant bien, d'autre part, par les
objets trouvés dans leurs tombeaux que ces morts avaient appartenu
à une race différente de la leur, les noirs du Baoulé en ont expliqué
l'origine par une légende. Cette légende peut sembler puérile au
premier abord : néanmoins il convient de s'y arrêter, car, comme
la plupart des légendes populaires, elle ne doit être que la défor-
mation d'une tradition très ancienne et doit reposer sur un fond de
vérité. Voici, en tout cas, la traduction de cette légende, telle que
la racontent les indigènes :

« On raconte qu'autrefois, lorsque des fils du Ciel venaient
à mourir, on les enterrait sur la montagne de Guiangomènou. Ces
fils du Ciel avaient la peau blanche : leurs oreilles étaient si grandes
qu'ils s'en cachaient le visage à la vue d'un homme de la Terre.
Leurs cheveux étaient si longs que, lorsqu'ils les déroulaient, ils
traînaient à terre. Quand ils voulaient enterrer leurs morts, ils

attachaient une énorme chaudière de cuivre au bout d'une chaîne de fer, entraient dedans avec leurs cadavres et se laissaient descendre à terre ; là, creusant des fosses, ils ornaient les membres et le cou de leurs morts avec des *ouoryé*, en mettaient d'autres dans de petites urnes, et enterraient leurs cadavres. Le jour qu'ils procédaient ainsi à un enterrement, la pluie ne cessait pas de tomber ni le vent de souffler, et personne ne pouvait mettre le nez dehors. Et lorsqu'ils avaient fini d'enterrer leurs morts, ils remontaient au Ciel toujours grâce à la chaudière et à la chaîne. Aujourd'hui des gens vont sur cette montagne pour chercher des perles, et en creusant la terre, ils tombent sur les sépultures des fils du Ciel : les cadavres ont pourri, mais les perles adhèrent aux bras, aux jambes, au cou, etc. On les détache et on les emporte. »

Une marmite en cuivre analogue à celle dont parle la légende existe à Akoua-Boni-Sakassou (nécropole d'Akoua-Boni), dans le haut Baoulé : une autre a été signalée par M. Binger à Aouabou, près Mango, et les indigènes la disaient aussi tombée du ciel.

On prétend que la reine Pokou, fondatrice du Baoulé, parvint à surprendre des fils du Ciel et que, au moment où ils remontaient dans leur chaudière, la chaîne se rompit et les fils du Ciel furent faits prisonniers : Pokou aurait fait transporter cette chaudière jusqu'à son village et s'en serait servie comme d'une baignoire !

On raconte aussi qu'une femme Gouro, captive d'un chef Nanàfoué, aurait aperçu, il y a une dizaine d'années, un fils du Ciel qui venait voler du riz dans les plantations. Prévenus, les gens du village voisin accoururent et lui coupèrent la tête. Alors la pluie cessa de tomber durant quatre ans, et les gens de par là durent tirer des coups de fusil et faire les cérémonies mortuaires d'usage en l'honneur du fils du Ciel défunt : le Ciel fut satisfait et bientôt la pluie se remit à tomber.

*Le contenu des sépultures de Guiangomênou.* — Si l'on ne peut étudier les squelettes en lambeaux des sépultures de Guiangomênou, si la légende d'autre part reste sujette à caution, on a un élément d'étude suffisant dans les objets retirés de ces sépultures pour conclure à l'origine égyptienne des morts enterrés là ou tout au moins de leur civilisation.

Les perles, tout d'abord, sont de différentes sortes : les plus appréciées sont d'un bleu à reflets plus ou moins verdâtres, ce sont les *ouoryé* proprement dites ; d'autres sont transparentes (*ouoryé-nzouin*), d'autres sont vertes (*akpekpo*), d'autres jaunes (*amané aloko*), d'autres blanches et noires (*mouwa*) ; on rencontre aussi des perles en forme de lentilles (*akpa*), et d'autres en forme de petits disques très minces, tels que les Baoulé en fabriquent actuellement avec des coquilles d'escargots et qu'ils appellent *aossima*. Sauf ces deux dernières variétés, qui ne sont pas des *ouoryé* et pourraient être d'une matière différente, toutes ces perles sont en verre, ainsi que me l'ont pleinement démontré des analyses chimiques que j'en ai fait faire à la Sorbonne, mais sont d'un verre fabriqué et surtout coloré d'une façon absolument spéciale, telle qu'on n'en trouve d'analogue que dans la vieille Égypte ou l'Assyrie.

Le Père Loyer (1) signale les *ouoryé*, qu'il appelle « pierres d'aigris », et qu'il décrit assez bien : « Cet aigris est une espèce de pierre précieuse qu'on trouve parmi eux, qui n'a ni beauté ni éclat. Elle est de couleur bleue verdâtre et ressemble à de la rassade de verre ; mais ils l'estiment tant qu'ils la pèsent contre l'or à grand poids. »

Ailleurs le même Père Loyer dit qu'il croit ces perles percées et fabriquées par les indigènes de l'intérieur à l'aide de pierres précieuses; il nous apprend encore que les Abi, autochtones de la lagune d'Assinie, se servaient de pierres d'aigris (2) comme monnaie, tandis que les gens d'Assinie, venus de l'est, se servaient de poudre d'or.

Le voyageur anglais Bowdich, lui, croit que ces perles sont en lapis-lazuli. Cette erreur n'a rien d'étonnant, car les Égyptiens surent imiter à s'y méprendre diverses pierres précieuses à l'aide du verre et notamment le lapis-lazuli. Il parle également d'aggris ou *ouoryé* ornées de fleurs du travail le plus délicat : je n'ai jamais rencontré de *ouoryé* ainsi ornées, mais Bowdich a pu en voir à Coumassie et il est certain en tout cas que les Égyptiens fabriquaient de ces perles à fleurs (3).

Hutton (4) signale aussi les *aggry* ou *aigris* : il en a vu des jaunes, des verts et des bleus; les Achanti, nous dit-il, les achètent aux Ouassa et aux Fanti. Il rapporte l'opinion du D$^r$ Leyden d'après lequel ce serait une sorte de jaspe. L'art de faire ces perles est

---

(1) R. P. Godefroy Loyer, *Relation du voyage du royaume d'Issyny*. Paris, 1714, petit in-18.

(2) Ce mot « aigris », que l'on trouve aussi orthographié « aigry, aggry et agris » viendrait du nom que les gens de la côte donnent aux *ouoryé*, mais on n'est pas sûr de cette étymologie.

(3) T. E. Bowdich, *Mission from Cape-Coast-Castle to Ashantee*. London, 1817, in-4.

(4) W. Hutton, *Nouveau voyage dans l'intérieur de l'Afrique*, traduit de l'anglais par le chevalier Thorel de la Trouplinière. — Paris, 1823, in-8.

perdu, ajoute Hutton, ou peut-être n'a-t-il jamais été connu en ce pays.

Le révérend indigène Reindorf est, à ma connaissance, le premier auteur qui parle des influences égyptiennes sur la civilisation des peuples agni-achanti et qui attribue délibérément aux *ouoryé* une origine égyptienne (1).

Du reste, les belles collections de ces perles qui sont réunies au British Museum portent l'étiquette : *Egyptian beads* (perles égyptiennes). C'est également le nom sous lequel elles sont connues des commerçants et le nom sous lequel une contrefaçon en a été tentée par une maison autrichienne qui fabrique beaucoup de verroterie pour l'Afrique : je dois dire que cette contrefaçon européenne est très éloignée de l'original et que les noirs ne s'y sont pas trompés un seul instant. Nos verroteries modernes n'ont ni le reflet ni la transparence de la verroterie égyptienne.

Du reste, il suffit de jeter un coup d'œil sur la collection des *ouoryé* du British Museum et de regarder les collections de verroterie égyptienne du même Musée ou du Musée du Louvre pour être édifié à tout jamais sur l'origine des perles que l'on trouve enfouies dans le sol, sur la colline de Guiangomènou. Cette origine est assurément égyptienne.

L'art du verre comme celui de la taille des pierres précieuses fleurissait dans l'ancienne Égypte et c'est par myriades que, dans le sable des nécropoles de Memphis et d'Abydos, on ramasse les colliers de pierres précieuses percées et enfilées et de perles de verre imitant les pierres précieuses. Le verre égyptien est facilement reconnaissable : il a à peu près la même composition chimique que le nôtre, mais il renferme des quantités relativement considérables de substances étrangères, cuivre, oxyde de fer et de manganèse, dont on ne savait pas le débarrasser. « Aussi n'est-il presque jamais d'une teinte très pure; il a une nuance incertaine *qui tire sur le jaune ou sur le vert.* » Certaines pièces sont *striées* (caractère très fréquent chez les *ouoryé*) et pleines de bulles; d'autres, assez rares sont d'une homogénéité et d'une limpidité parfaites. La vogue était aux verres de couleur, opaques ou transparents. « On les teignait en mêlant des oxydes métalliques aux ingrédients ordinaires, du cuivre et du cobalt pour les bleus, du cuivre pour les verts, du manganèse pour les violets et pour les bruns, du fer pour les jaunes, du plomb ou de l'étain pour les blancs... Les verriers imitèrent

---

(1) C. C. Reindorf, *History of the Gold Coast and Ashante*. Basel, 1895, in-8.

l'émeraude, *le jaspe, le lapis-lazuli*, la cornaline, et cela avec une telle perfection que nous sommes souvent embarrassés aujourd'hui pour distinguer les pierres vraies des fausses (1) ». Dans les verres à miniatures de l'ancienne Égypte on trouve des plaques représentant des rosaces, des étoiles, *des fleurs* soit isolées, soit en bouquet.

Les perles de verre ne sont pas les seuls objets de fabrication égyptienne qu'on ait trouvés dans les fouilles de Guiangomênou.

Fig. 19. — Vase en bronze provenant des sépultures de Guiangomênou.

On a retiré assez souvent des bracelets de bronze et des vases de même métal : je donne ici la reproduction de l'un de ces vases provenant des fouilles de Guiangomênou (fig. 19); il appartenait au chef révolté Kouadio-Okou et fut trouvé à Lomo, village de ce chef, lors de la prise de cette localité. La forme générale de ce vase et surtout les détails de l'exécution le rapprochent de plusieurs vases funéraires égyptiens en bronze du Musée du Louvre et du British Museum.

On m'a parlé aussi de masques de momies en or et de bijoux d'or d'un dessin inconnu aux Baoulé qui auraient été trouvés à Guiangomênou : mais ce ne sont là que des on-dit, car je n'ai jamais pu encore me faire montrer un de ces objets.

(1) MASPERO, *op. cit.*

§ 8. — TRACES D'HOMMES DE RACE BLANCHE A LA CÔTE D'IVOIRE

*Qui étaient les hommes qui furent enterrés à Guiangoménou?* — C'est une question qu'il est plus facile de poser que de résoudre. Néanmoins, je crois qu'en l'étudiant sans parti-pris, on peut arriver à quelques éléments, sinon de certitude, au moins de probabilité.

Les souvenirs des autochtones qui se trouvaient dans la région vers 1750, quand elle fut conquise par les Achanti, étaient muets à ce sujet, s'il faut en croire leurs conquérants. Ces autochtones, qui étaient probablement des Gouro, sans que la chose d'ailleurs soit bien démontrée, ont disparu ou ont été assimilés par les vainqueurs ; on ne peut donc plus les interroger, et nous en sommes réduits à la légende qui a cours chez les Baoulé, légende que bien certainement ils ont trouvée en arrivant dans le pays.

Si l'on examine de près cette légende, on voit qu'elle relate des faits très précis à côté de faits fantastiques. La description des fils du Ciel est bien nette : peau blanche, longs cheveux habituellement tressés (puisqu'il est dit : leur chevelure, *quand ils la déroulent*, traîne jusqu'à terre) et enfin oreilles gigantesques pouvant cacher le visage. J'ai causé avec des vieillards qui prétendaient, non pas avoir vu de ces fils du Ciel, mais en avoir parlé avec des gens qui possédaient à leur sujet des traditions précises et ils m'expliquaient ainsi les caractères transmis par la légende : ils sont blancs, me disaient-ils, mais pas aussi blancs que vous autres ; leurs cheveux sont comme les vôtres (c'est-à-dire lisses). Et quand je demandais : « Mais enfin qu'est-ce que ces oreilles immenses? » ils me répondaient : « Nous ne savons pas, mais tous ceux qui en ont vu ou en ont entendu parler disent que, pour ne pas être reconnus, ils prenaient leurs oreilles avec les mains et les ramenaient sur leur visage. » Et alors je pensais à cette coiffure à ailes que nous voyons si souvent représentée dans les monuments de l'art égyptien et dont le masque de Ramsès II de Dèir-el-Bahari donne une idée très exacte (fig. 20). Il est fort possible que des noirs, apercevant des gens de race blanche et en ayant peur, n'aient pas eu le temps de bien regarder, et leur imagination peureuse aidant, aient pris pour des oreilles fantastiques ce qui n'étaient qu'une coiffure.

Mais comment expliquer cette partie de la légende qui les fait venir du ciel? Je dirai, tout d'abord, que les peuples primitifs ont tous une tendance bien marquée à faire venir du ciel tout ce dont

ils ignorent l'origine : c'est ainsi que la marmite d'Aouabou et celle
de Sakassou sont tombées du ciel, c'est ainsi que dans beaucoup de
pays les Européens passent pour venir du ciel. Ensuite nous savons
que les rois d'Égypte, comme plus tard Alexandre, se proclamaient
fils d'Ammon ; s'il est arrivé que des Égyptiens se soient avancés
jusque dans l'Afrique occidentale, il est fort possible que, pour se
grandir aux yeux des noirs, ils se soient donné ce titre : Ammon
étant devenu chez les Baoulé Nyamyé, le Ciel, « fils d'Ammon », se

Fig. 20. — Masque de Ramsès II, provenant
des fouilles de Dêir-el-Bahari.

traduit tout naturellement par « fils du Ciel ».

Dans ces conditions on pourrait appliquer à des Égyptiens ce qui est dit dans la légende au sujet des hommes enterrés à Guiangomênou : peau légèrement brune, cheveux lisses et longs, ordinairement tressés, coiffure à ailes, gens connus sous le nom de fils du Ciel.

Mais à supposer que ces « fils du Ciel » fussent des Égyptiens, à quelle époque faudrait-il faire remonter leur apparition à la Côte

d'Ivoire? Selon moi, il faudrait la reporter très loin en arrière, à
peu près à l'époque de la désagrégation de l'empire égyptien et de
la domination romaine; il a pu y avoir à ce moment des troubles
intérieurs qui aient amené un certain nombre d'Égyptiens à s'expa-
trier et à aller chercher fortune dans un commerce avec les noirs
du Soudan. Que de petites colonies aient essaimé ainsi jusqu'à la
Côte d'Ivoire et y aient résidé quelque temps, il n'y a rien à d'impossible : l'histoire des migrations des peuples nous présente des
phénomènes plus surprenants. Il y a sans doute fort longtemps,
peut-être un millier d'années que les derniers membres de ces colonies sont, soit retournés dans leur pays d'origine, soit enterrés à
Guiangomênou ou ailleurs. Toutefois leur passage avait laissé des
souvenirs qui se sont perpétués sur place jusqu'à nos jours, sous
le voile mystérieux mais conservateur de la légende.

Quant au fait de la reine Pokou capturant des « fils du Ciel » au

siècle dernier et à celui de la captive gouro en apercevant un il y
a une dizaine d'années, ils sont facilement explicables. La reine
Pokou, passant par Guiangomênou, y trouva sans doute la grande
marmite en cuivre qu'on montre maintenant à Sakassou (et qui
entre parenthèses peut avoir une origine européenne tout aussi
bien qu'une origine égyptienne). Ayant appris des indigènes la
légende des « fils du Ciel », elle jugea bon, pour augmenter encore
le prestige dont elle jouissait, de faire publier qu'elle avait surpris
et capturé des « Célestes », et, comme preuve de son dire, elle
montra la marmite et la fit porter triomphalement jusqu'à sa rési-
dence de Sakassou.

Quant au « fils du Ciel » vu par la femme gouro, c'était sans
doute quelque voleur d'une tribu voisine : les Nanâfoué, l'ayant
mis à mort et redoutant la vengeance de sa tribu, en firent un
« Céleste » ; une grande sécheresse survenue à ce moment-là, et
voilà la légende établie.

*Y a-t-il actuellement des hommes de race blanche à la Côte
d'Ivoire ?* — En 1868, l'amiral Fleuriot de Langle se trouvant dans
les parages de Béréby, sur la partie occidentale de la Côte d'Ivoire,
entendit parler d'une population blanche à laquelle les Croomen de
la côte donnaient le nom de *Paï-Pibri*, et qui habiterait sur la rive
nord « de la lagune de Glé » (1). Tout d'abord, il faut dire que
cette lagune de Glé, qui, d'après l'amiral, courrait à l'intérieur du
pays parallèlement à la mer, n'existe pas, en tant que lagune ou
cours d'eau parallèle à la mer ; mais étant donné que le même
auteur faisait du Bandama une lagune également parallèle à la
mer, qu'il appelle « Gindé », on peut admettre que par « lagune de
Glé » il faut entendre le fleuve Sassandra. Puis on remarquera que
sur la rive gauche de ce fleuve habite la tribu des *Bribéri*, qui est,
en effet, au nord du fleuve pour quelqu'un venant de Béréby, et
que dans plusieurs dialectes des Croomen les noms de tribu sont
précédés du préfixe *Paï*. On peut ainsi traduire « la tribu des Paï-
Pibri habitant au nord de la lagune de Glé », par « la tribu des
Bribéri habitant sur la rive gauche du Sassandra ». Resterait à
savoir si cette tribu des Bribéri est une population blanche.

Au premier abord cette hypothèse semble tout à fait improbable.
Cependant, je dois dire qu'en 1899, me trouvant à Tiassalé sur le
Bandama, et causant avec une femme fanti qui allait acheter du

<hr>

(1) Amiral FLEURIOT DE LANGLE, *Croisières à la côte d'Afrique* (1868). — *Tour du Monde*,
1872, 1er semestre, et 1873, 2e semestre.

caoutchouc dans la région comprise entre le Bandama et le Sassandra, cette femme m'affirma, d'une façon très calme d'ailleurs et sans que j'aie provoqué cette affirmation, avoir rencontré un village dont les habitants étaient blancs comme des Européens et avaient de longs cheveux qui, chez les femmes, allaient plus bas que la taille. Elle me donna plusieurs détails assez circonstanciés sur son arrivée dans ce village, les difficultés qu'elle avait eues pour se faire comprendre, l'étonnement qu'elle avait eu de trouver là des blancs et la curiosité dont elle-même avait été l'objet de la part de ces blancs. Elle m'indiqua l'itinéraire qu'elle avait suivi : elle avait passé par Galo (indiqué sur la carte Marchand et sur la carte Spicq) et avait marché encore pendant trois jours au nord-ouest de ce point; il est remarquable que cet itinéraire conduit au pays habité par ces Bribéri dont il semble que Fleuriot de Langle ait entendu parler comme d'une population blanche.

Pour être sincère je dois dire que des indigènes voisins du Bandama que j'ai interrogés par la suite, aucun n'avait entendu parler de la présence de blancs dans cette direction, sauf un cependant qui m'a dit : « J'ai entendu parler autrefois de villages habités par des Blancs dans cette région-là. » D'ailleurs l'ignorance des indigènes du Baoulé à ce sujet ne prouverait rien, les Baoulé n'ayant aucune relation avec les tribus gouro qui s'étendent du Bandama au Sassandra, et ignorant même presque tous l'existence du Sassandra qui est cependant au moins aussi important que le Bandama.

L'affirmation de cette femme était si catégorique que j'avais formé le projet d'approfondir cette question, et, si possible, de me rendre moi-même au lieu qu'elle m'avait indiqué : jusqu'ici des événements d'ordres divers m'ont empêché de mettre ce projet à exécution.

J'avoue que l'existence d'un îlot de population blanche ainsi entouré par des nègres me paraît bien difficile à admettre. Non pas qu'il me semble impossible que des blancs se soient avancés jusque dans la région des Bribéri : une fraction de Peuhls aurait pu aller s'installer là. Mais il semble qu'au bout de quelques générations ces Peuhls ainsi isolés seraient devenus aussi noirs que les Toucouleurs du Sénégal. D'autre part si une migration de Peuhls dans cette région s'était produite récemment, il est fort probable qu'on en aurait eu connaissance.

J'en suis donc réduit à des hypothèses assez contradictoires et si j'ai cité ce fait, c'est parce que je trouve qu'il ne faut jamais négli-

ger les chances d'apprendre du nouveau et que, s'il faut bien peser
et retourner les renseignements de source indigène, il ne faut jamais les mépriser, quelque invraisembables qu'ils paraissent, car
ils renferment presque toujours un fond de vérité.


### CONCLUSION

De tous les rapprochements que nous venons de faire, on ne peut
nier qu'il résulte clairement que l'influence de la civilisation égyptienne, par une  voie plus ou moins indirecte, s'est fait sentir jusqu'aux confins de l'Afrique occidentale et  que le sphinx des bords
du Nil a marqué la trace de sa patte puissante sur les rives du Bandama. Même en  admettant qu'aucune migration égyptienne n'ait
poussé jusqu'à  la Côte d'Ivoire, la civilisation égyptienne s'y est
introduite, voilà  des milliers d'années sans doute, au moment où
l'Égypte était le flambeau qui devait  éclairer le monde.

Je ne crois pas d'ailleurs que le transfert de la civilisation égyptienne se soit fait directement : il a dû se faire de proche en proche,
ç'a été l'œuvre du temps et des migrations des peuples.

Le premier peuple qui, en Afrique, ait adopté la civilisation égyptienne est l'Éthiopie, qui fut en somme colonisée par l'Égypte sous
le règne d'Amenhotep I. Après le règne de Ramsès III, des prêtres
de Thèbes fondèrent en Éthiopie le  royaume de Napata, et cette
ville devint un moment la capitale de l'empire égyptien.

Les Nubiens, soumis par Amenemhat I, fondateur de la XIIᵉ dynastie, et par Ousortesen III, adoptèrent aussi en grande partie les
coutumes et la religion de leurs vainqueurs.

Puis ce fut le tour des nomades pasteurs, Touareg et Peuhls, qui,
issus peut-être d'un mélange d'Hyksos et d'Éthiopiens (1), commen-
cèrent les migrations qui devaient  les mener jusqu'aux bords de
l'océan Atlantique.

Mais les Touareg et surtout les Peuhls ne peuvent pas être regar-
dés comme les vrais propagateurs de la civilisation égyptienne ; leur
vie nomade et contemplative se prêtait peu à la culture des arts et à
la fabrication des dieux, et nous voyons d'ailleurs que les Peuhls,
loin de propager une civilisation, ont adopté presque partout celle
des pays qu'ils ont envahis ou conquis.

(1) Voir au sujet de l'origine éthiopienne des Peuhls l'étude de M. le Dr R. VERNEAU
sur *Les migrations des Éthiopiens* (tome X de *L'Anthropologie*).

Les vrais agents de propagande de la civilisation égyptienne dans les pays noirs ont été probablement les Haoussa, qui, ayant reçu eux-mêmes cette civilisation des Éthiopiens et des peuples du haut Nil, l'ont transmise progressivement à tous leurs voisins de l'ouest : les Songhaï, les Yorouba, et les Nta du Gondja (ancêtres des Achanti et des Agni et par conséquent des Baoulé). Les Songhaï a leur tour ont civilisé les Mandé, les Yorouba ont civilisé les Dahoméens, etc.

Peut-être dira-t-on que les rapports plus ou moins étroits que j'ai relevés au cours de cette étude entre la civilisation de l'ancienne Égypte et celle du Baoulé sont des coïncidences fortuites : mais alors je ferais observer qu'un aussi grand nombre de coïncidences ne peut guère se produire d'une manière fortuite, et qu'on est fatalement amené à conclure que deux civilisations ayant tant de traits communs doivent aussi avoir une origine commune. Comme il serait difficile de soutenir avec quelque bon sens que c'est la civilisation du Baoulé qui ait influé sur l'Égypte, je suis forcé d'admettre l'inverse, et cette conclusion est d'autant plus naturelle qu'il n'est pas possible d'admettre qu'une civilisation aussi élevée que celle des Égyptiens ait rayonné pendant des milliers d'années avec un pareil éclat sans que quelques étincelles en jaillissent sur les peuples primitifs qui l'entouraient; et puisque l'Égypte a civilisé l'Europe, n'est-il pas naturel d'admettre qu'elle a aussi civilisé l'Afrique?

Peut-être aussi m'objectera-t-on le grand nombre de siècles écoulés depuis l'apport de la civilisation égyptienne aux tribus de la Côte d'Ivoire sans qu'un progrès apparent semble s'être manifesté depuis cet apport? A cela je répondrai par une remarque fort judicieuse du commandant Toutée, à propos de l'influence très grande qu'a eue sur l'état stationnaire des peuples de la boucle du Niger l'absence de calcaire dans cette région : sans calcaire, on ne peut bâtir de maisons stables ni de palais qui font que le citadin s'attache à sa ville et y demeure; sans calcaire, on ne peut avoir d'engrais pour remplacer les sels minéraux absorbés par la culture, et au bout de quelques années les champs ne rendent plus : n'ayant pas d'habitations assez confortables pour s'y attacher, forcé d'autre part de changer continuellement la place de ces cultures, le nègre même sédentaire est en somme un nomade. Et ce changement de place perpétuel des villages et des individus est un des obstacles les plus sérieux au développement d'une civilisation.

Il est à remarquer du reste que là où la civilisation musulmane est venue s'ajouter à la civilisation égyptienne, comme chez les Songhaï et les Mandé, elle a trouvé une si forte empreinte qu'elle n'a pu la combler, son apport d'ailleurs étant bien minime en comparaison de l'apport égyptien (1).

(1) Les objets représentés aux figures 1, 3, 5, 7 et 11 se trouvent actuellement au Musée d'Ethnographie du Trocadéro.

ANGERS, IMPRIMERIE ORIENTALE A. BURDIN ET Cⁱᵉ

A2